Kauderwelsch
Band 110

besomin-biks (Gewürzbüchse)

Impressum

Arnold Groh
Jiddisch — Wort für Wort
erschienen im
Reise Know-How Verlag Peter Rump GmbH
Osnabrücker Str. 79, D-33649 Bielefeld
info@reise-know-how.de

4. überarbeitete und verbesserte Auflage 2014

Bearbeitung Michael Blümke
Layout Svenja Lutterbeck
Layout-Konzept Günter Pawlak, FaktorZwo! Bielefeld
Umschlag Peter Rump (Titelfoto: Arnold Groh)
Fotos Arnold Groh
Druck und Bindung Werbedruck GmbH Horst Schreckhase, Spangenberg

ISBN 978-3-8317-6401-3
Printed in Germany

Dieses Buch ist erhältlich in jeder Buchhandlung Deutschlands, Österreichs, der Schweiz und der Beneluxländer.
Bitte infor-mieren Sie Ihren Buchhändler über folgende Bezugsadressen:

Deutschland Prolit GmbH, Postfach 9, 35461 Fernwald (Annerod) sowie alle Barsortimente
Schweiz AVA-buch 2000, Postfach 27, CH-8910 Affoltern
Österreich Mohr Morawa Buchvertrieb GmbH, Sulzengasse 2, A-1230 Wien
Belgien & Niederlande Willems Adventure, www.willemsadventure.nl
direkt Wer im Buchhandel kein Glück hat, bekommt unsere Bücher zuzüglich Porto- und Verpackungskosten auch direkt über unseren Internet-Shop: ***www.reise-know-how.de***

Zu diesem Buch ist ein ***AusspracheTrainer*** erhältlich, als **MP3-Download** unter ***www.reise-know-how.de*** oder auf **Audio-CD** in jeder Buchhandlung Deutschlands, Österreichs, der Schweiz und der Benelux-Staaten.

Der Verlag möchte die **Reihe Kauderwelsch** weiter ausbauen und **sucht Autoren!** Mehr Informationen finden Sie unter ***www.reise-know-how.de/rkh_mitarbeit.php***

Kauderwelsch

Arnold Groh

Jiddisch

Wort für Wort

Oifn weg stejt a boim
stejt er aingeboign
ale fejgl funem boim
senen sich zefloign
(Itzik Manger)

REISE KNOW-HOW
im Internet
www.reise-know-how.de
info@reise-know-how.de

Kauderwelsch-Sprechführer sind anders!

Warum? Weil sie Sie in die Lage versetzen, wirklich zu sprechen und die Leute zu verstehen.

Wie wird das gemacht? Abgesehen von dem, was jedes Sprachbuch bietet, nämlich Vokabeln, Beispielsätze etc., zeichnen sich die Bände der Kauderwelsch-Reihe durch folgende Besonderheiten aus:

Die **Grammatik** wird in einfacher Sprache so weit erklärt, dass es möglich wird, ohne viel Paukerei mit dem Sprechen zu beginnen, wenn auch nicht gerade druckreif.

Alle Beispielsätze werden doppelt ins Deutsche übertragen: zum einen **Wort-für-Wort,** zum anderen in „ordentliches" Hochdeutsch. So wird das fremde Sprachsystem sehr gut durchschaubar. Denn in einer fremden Sprache unterscheiden sich z.B. Satzbau und Ausdrucksweise recht stark vom Deutschen. Ohne diese Übersetzungsart ist es so gut wie unmöglich, schnell einzelne Wörter in einem Satz auszutauschen.

Die **Autorinnen** und **Autoren** der Reihe sind Globetrotter, die die Sprache im Land selbst gelernt haben. Sie wissen daher genau, wie und was die Leute auf der Straße sprechen. Deren Ausdrucksweise ist nämlich häufig viel einfacher und direkter als z. B. die Sprache der Literatur oder des Fernsehens.

Besonders wichtig sind im Reiseland **Körpersprache, Gesten, Zeichen** und **Verhaltensregeln,** ohne die auch Sprachkundige kaum mit Menschen in guten Kontakt kommen. In allen Bänden der Kauderwelsch-Reihe wird darum besonders auf diese Art der nonverbalen Kommunikation eingegangen.

Kauderwelsch-Sprechführer sind keine Lehrbücher, aber viel mehr als Sprachführer! Wenn Sie ein wenig Zeit investieren und einige Vokabeln lernen, werden Sie mit ihrer Hilfe in kürzester Zeit schon Informationen bekommen und Erfahrungen machen, die „sprachlosen" Reisenden verborgen bleiben.

Inhalt

Inhalt

Konversation

Anhang

GRUSS
PLAZL
ISRAELISCHE SPE

Vorwort

Dieser Jiddisch-Sprachführer will einen Beitrag zur Verständigung leisten. Und zwar zuallererst in der konkreten Situation der Begegnung: Sie sollen sich auf Ihrer Reise mit Menschen, die Jiddisch sprechen, verständigen können. Indem Sie dies tun, greifen Sie auf eine „lingua franca", eine Verkehrs- und Handelssprache zurück, die seit dem Mittelalter zunächst in Europa und später auch in anderen Teilen der Welt verbreitet wurde.

Mit der Öffnung des Ostblocks wurde nicht nur der Zugang zu etlichen Stätten jüdischer Kultur erleichtert. Es mag viele Reisende erstaunen, auf jüdische Bevölkerungsgruppen zu treffen, von denen während der Ära des Kommunismus wenig bekannt war. Als Überlebende des Holocaust und als deren Nachkommen haben sie eine Sprache bewahrt, die in ihrer schillernden Vielfalt, ihrer Gefühlsstärke und ihren blumigen Begriffen ihresgleichen sucht. Diese sehr eigene, beeindruckende Welt erschließen Sie sich, wenn Sie sich einen Einblick ins Jiddische verschaffen. Und über die reine Verständigung hinaus leisten Sie einen Beitrag dazu, dass diese Sprache weiter gepflegt wird. Eine Sprache lebt, wenn sie gesprochen wird.

Mit Jiddisch-Sprechern Jiddisch zu sprechen, bedeutet auch, ihrer Kultur mit Respekt zu begegnen. Jüdische Kultur befindet sich in den meisten Ländern, in der sie beheimatet ist, im Umfeld einer anderen Kultur, von der sie nur mit Einschränkungen akzeptiert wird. Mit Jiddisch-Sprechern in Polen Polnisch oder gar Englisch zu sprechen, mit denen in Prag Tschechisch usw., würde in gewisser Weise bedeuten, der jeweiligen Nationalkultur Vorrang zu geben. Damit würde man einen Beitrag zur Assimilation, zum kulturellen Verlust leisten.

Gleichwohl sind Sie gut beraten, einen Kauderwelsch-Sprechführer für das jeweilige Land bei sich zu haben, denn viele Begriffe des Alltags, der Behörden, der Technik sind der Sprache des Umfeldes entnommen. Doch nun viel Spaß beim Jiddisch-Lernen!

Hinweise zur Benutzung

Wenn Sie jiddische Muttersprachler reden hören, werden Sie als deutschsprachiger Mensch einige Worte verstehen können. Insgesamt jedoch ist die Ähnlichkeit des Hochdeutschen zum Jiddisch ungefähr so groß wie zum Holländischen oder zum Schweizerdeutschen. Bei der Gestaltung dieses Sprechführers wurde die spezielle Stellung des Jiddischen innerhalb der Sprachfamilie berücksichtigt. Auf grammatische Regeln, die aus dem Hochdeutschen geläufig sind, wird deshalb nicht näher eingegangen. Wichtiger sind vielmehr die Besonderheiten des Jiddischen. Beispielsweise lässt sich die Mehrzahl vielfach nicht in der gewohnten Weise bilden, so dass diesem Kapitel entsprechend viel Raum gewidmet wird.

Hören Sie sich Aussprachebeispiele mit Ihrem Smartphone an! Ausgewählte Kapitel im Konversationsteil sind dafür mit einem QR-Code ausgestattet.

Grammatik

Nach dem grammatischen Überblick in diesem Sprachführer geht es fließend zum Konversationsteil über: Zahlen, Mengenangaben, Zeitangaben und Feiertage bilden die Überleitung. Im Konversationsteil werden dann Anreize für die Unterhaltung geliefert: Wortlisten für verschiedene Themen unterstützen die Plauderei.

Konversation

In diesen Wortlisten werden vor allem Begriffe aufgeführt, die nicht in den Überblicklisten am Ende des Sprechführers auftauchen, die aber erwähnenswert sind, weil sie nicht aus dem Hochdeutschen abzuleiten sind. Es handelt sich besonders um Lehnworte aus dem Hebräischen und Slawischen, aber auch um spezielle Bildungen und Ausdrucksweisen des Jiddischen. Wo das jiddische Wort unerwähnt bleibt, weil es mit dem Hochdeutschen weitgehend übereinstimmt (etwa: raiß = Reis), können Sie im Gespräch einfach den Ihnen gewohnten Ausdruck einbauen. Sofern es sich nicht aus dem Zusammenhang ergibt, ist in den Wortlisten das grammatische Geschlecht angegeben.

Praktische Hilfen für die Reise gibt es nicht nur im Hinblick auf die üblichen Formalitäten – Fahrt, Hotelsuche, Behörden, Einkauf –, es wird vielmehr zu den unterschiedlichen Anlässen auch auf die sensible kulturelle Situation hingewiesen.

Wortlisten

Am Ende dieses Büchleins finden Sie Wortlisten, in denen die Wörter sowohl Deutsch-Jiddisch als auch Jiddisch-Deutsch in alphabetischer Reihenfolge aufgelistet sind. Dabei ist besonders auf die Deutsch-Jiddische Liste hinzuweisen: Sie ist einzigartig auf dem Buchmarkt. Die anderen Glossare, die erhältlich sind, erlauben nur das Nachschlagen in der Richtung Jiddisch-Deutsch; bislang war man also „aufgeschmissen", wollte man nachschlagen, wie ein deutscher Ausdruck auf Jiddisch lautet. Hieran wird übrigens deutlich, dass das Jiddische quasi als tote Sprache behandelt wurde und dass kaum jemand mit ei-

Seitenzahlen

Um Ihnen den Umgang mit den Zahlen zu erleichtern, wird auf jeder Seite die Seitenzahl auch in Jiddisch angegeben!

nem Wiederaufleben des Interesses an gesprochenem Jiddisch gerechnet hat. Das einzige andere verfügbare Buch, das eine Deutsch-Jiddische Liste enthält, ist ein Nachdruck aus dem Jahre 1736 – für heutige Zwecke erscheint dieses „jüdischteutsche wörterbüchlein" allerdings nicht allzu gut geeignet.

Wort-für-Wort-Übersetzung

Jede Sprache hat ein typisches Satzbaumuster. Um die typisch jiddische Wortfolge besser durchschauen zu können, ist die Wort-für-Wort-Übersetzung in *kursiver* Schrift hinzugefügt. Jedem jiddischen Wort entspricht ein Wort in der Wort-für-Wort-Übersetzung. Werden in einem Satz mehrere Wörter genannt, die man untereinander austauschen kann, steht ein Schrägstrich dazwischen:

Kent ir mir/unds derwaisn dem cheder?
könnt Ihr mir/uns zeigen den Zimmer
Können Sie mir/uns das Zimmer zeigen?

Umschlagklappen

Die Umschlagklappen helfen, die wichtigsten Sätze und Formulierungen stets parat zu haben. Hier finden sich außerdem kleine Listen mit den wichtigsten Fragewörtern, Richtungs- und Zeitangaben.

Aufgeklappt ist der Umschlag eine wesentliche Erleichterung, da so die gewünschte Satzkonstruktion mit dem entsprechenden Vokabular aus den einzelnen Kapiteln kombiniert werden kann.

Geschichte der Sprache

Man kann nicht sagen, dass es *das* Jiddische gibt. Seine Geschichte verlief anders als die der übrigen Dialekte des deutschen Sprachraumes, bei denen die Sprechergruppe in einem zusammenhängenden Gebiet lebte. Jiddischsprecher hingegen waren praktisch immer verstreut und standen eher in einer Art Vernetzung in Kontakt zueinander. So kam es auch, dass je nach Gegend unterschiedliche Einflüsse auf das Jiddisch wirkten. Sie werden im Gespräch bald feststellen, dass Sie diesen Sprachführer nicht als Nachschlagewerk für eine Standardsprache benutzen können – ganz einfach, weil es einen solchen durchgängigen Sprachstandard, wie wir ihn gewohnt sind, nicht gibt. Die litwakn des Baltikums sprechen anders als die poilischn (polnischen) und wiederum anders als die galizianer (Ukraine und Balkan). Selbst innerhalb einer Region wird das Jiddische von Dorf zu Dorf, ja sogar von Familie zu Familie unterschiedlich ausgesprochen.

In Eurasien sind es besonders die Länder der ehemaligen UdSSR, in denen Jiddisch gesprochen wird. Doch auch in Frankreich und Großbritannien gibt es erstaunlich große jiddische Sprachgemeinschaften. In den USA leben 1,5 Mio Menschen, deren Muttersprache Jiddisch ist, und selbst an einem argentinischen Strand können Sie jiddische Klänge hören.

In Afrika leben die Sprechergruppen vor allem im Süden des Kontinents.

Jiddisch wurde die meiste Zeit seines Bestehens als Sprache des einfachen Volkes angesehen. Jüdische Intellektuelle und Angehörige der Oberschicht – ob Freud, Kafka oder Celan – sprachen und schrieben hingegen Hochdeutsch. Auch heute noch kann es passieren (dies sind allerdings eher Ausnahmen), dass ältere Leute, die sowohl Jiddisch wie Hochdeutsch beherrschen, entrüstet reagieren, wenn man während eines hochdeutschen Gespräches fragt, ob sie nicht ein wenig Jiddisch reden möchten. Also wird Jiddisch als Jargon, als Variante des Deutschen verstanden; von einem in Israel lebenden Rabbi hörte ich folgende schlichte Definition: Idisch is taitsch. So kann das Jiddische also nicht vom Deutschen abgegrenzt werden, weshalb nicht zwischen Jiddisch und Deutsch, sondern zwischen Jiddisch und Hochdeutsch (oder irgendeiner anderen Variante des Deutschen) zu unterscheiden ist.

Relativ spät wurde dem Jiddischen auch von gebildeten Kreisen Wert beigemessen. Vor allem die Dichter waren es, die erkannten, welch einzigartige Gefühlswelt die Sprache in sich birgt.

Lomir-je singen, puschet un proßt, fun alz, woß is hejmisch, lib un tajer.
Lasst uns doch singen, einfach und schlicht, von allem, was heimisch, lieb und teuer ist.

Kauderwelsch-AusspracheTrainer
Falls Sie sich die wichtigsten jiddischen Sätze, die in diesem Buch vorkommen, einmal von einem Einheimischen gesprochen anhören möchten, steht Ihnen in unseren Internetshop ***www.reise-know-how.de*** *ein* ***AusspracheTrainer*** *zu diesem Buch als* ***MP3-Download*** *zur Verfügung. Sie bekommen ihn auch auf* ***Audio-CD*** *über Ihre Buchhandlung. Alle Sätze, die Sie auf dem* ***AusspracheTrainer*** *hören können, sind in diesem Buch mit einem 👂 gekennzeichnet.*

So beginnt eines der bekanntesten Gedichte Itzik Mangers. Jiddische Lieder und jiddische Musik wurden allerdings erst auch in nichtjüdischen Kreisen populär, als es die „gute alte Zeit“ nicht mehr gab. Dies ist vielleicht damit zu vergleichen, dass z. B. bayrische Jodelmusik bis in allerjüngste Zeit von vielen belächelt wird; erst jetzt, wo die nachwachsenden Generationen längst Teil der Welteinheitskultur sind, werden Heimatklänge neu bewertet und sogar in die Rockmusik integriert.

Allerdings dürfte die Modewelle der 1970er Jahre, in denen mehrere Platten (jawohl, damals gab es noch Schallplatten und keine CDs) mit jiddischen Liedern auf den Markt kamen, das Interesse auch an jiddischer Kultur geweckt haben. Dass Sie auf Ihrer Reise feststellen, dass die dazugehörigen Lebenswelten Wirklichkeit sind, dass das Jiddische lebt – das wünsche ich Ihnen.

Arnold Groh

Schrift & Aussprache

Jiddisch wird mit hebräischen Buchstaben geschrieben. Sie können es mit der folgenden Tabelle entziffern. Gelesen wird von rechts nach links!

(Falls man Ihnen etwas in hebräischer Schreibschrift notiert, bitten Sie darum, dass es in Druckbuchstaben aufgeschrieben wird.)

	Name	Laut
א	**alef**	*
אַ	**paßech alef**	„a“[1]
אָ	**komez alef**	„o“[1]
ב	**beß**	„b“[2]
ג	**giml**	„g“
ד	**dalet**	„d“
ה	**he**	„h“
ו	**waw**	„u“
וו	**zwej wawn**	„w“
וי	**waw jod**	„oi“
ז	**sajin**	„s“ in Sahne
זש	**sajin-schin**	„j“ in Journal
ט	**teß**	„t“
י	**jod**	„i“, „j“
יי	**zwej jodn**	„ej“, „ei“[4]
ײַ	**paßech 2 jodn**	„ai“
כ	**chof**	„ch“ in Dach
ך	Schluss-**chof**	„ch“[3]
ל	**lamed**	„l“
מ	**mem**	„m“
ם	Schluss-**mem**	„m“[3]
נ	**nun**	„n“
ן	Schluss-**nun**	„n“[3]
ס	**ßamech**	„ß“ in Fuß

ע	**ajin**	„e“[1]
פּ	**pej**	„p“
פֿ	**fej**	„f“
ף	Schluss-**fej**	„f“[3]
צ	**zadek**	„z“ in Zimmer
ץ	Schluss-**zadek**	„z“[3]
ק	**kof**	„k“
ר	**resch**	„r“
ש	**schin**	„sch“ in Schluss

* steht als Anlautzeichen vor Vokalen, wird im Deutschen nicht wiedergegeben
1 benötigt kein Anlautzeichen
2 nach dem Wortanfang auch „w“
3 als Endbuchstabe
4 kann auch für „ji“ stehen

In hebräischen Wörtern tauchen zusätzlich folgende Buchstaben auf:

	Name	Laut
ב	**beß / weß**	kann auch für „w“ stehen
ח	**cheß**	„ch“ wie in Dach
כ	**kaf / chof**	„k“
שׂ	**ßin**	„ß“ wie in Straße
תּ	**taw**	„t“
ת	**ßof**	„ß“wie in Straße, steht nicht am Wortanfang

In diesem Buch finden Sie die jiddischen Worte so geschrieben, dass Sie sie mühelos aussprechen können. Während das Jiddische normalerweise mit hebräischen Buchstaben geschrieben wird, verwenden wir hier die Ihnen vertraute lateinische Schrift – mit einer Ausnahme: Das Zeichen j stellt den Laut dar, der dem „j" in „**J**ournal" oder dem „g" in „**G**elee" entspricht. Da es in der Originalschrift keine Unterscheidung zwischen Groß- und Kleinschreibung gibt, schreiben wir in unserer Umschrift (außer am Satzanfang und bei Eigennamen) mit Kleinbuchstaben. Übrigens heißt der Buchstabe auf jiddisch oß, die Mehrzahl lautet oißjeß.

Betonen können Sie die jiddischen Wörter in der Regel so, wie Sie dies vom Hochdeutschen gewohnt sind. Ausnahmen bilden diejenigen Worte, die aus anderen Sprachen stammen – aus dem Slawischen und aus dem Hebräischen. In den meisten Fällen ist hier die vorletzte Silbe zu betonen; dabei ist gegebenenfalls eine Endung, die an ein solches Lehnwort angehängt wird (z. B. -in, -kejt, -schaft), nicht mitzuzählen.

Bei Wörtern, die aus dem Hebräischen stammen, wird der Selbstlaut der letzten Silbe meist nur angedeutet. Zum Beispiel lautet das Wort für Frau ischa, ische oder ischo, was wenig Unterschied macht, eben weil der Selbstlaut, auf den das Wort endet, nur schwach ausgesprochen wird.

Im Jiddischen gibt es, wie erwähnt, regionale Unterschiede in der Aussprache. Zwar können sich die Sprecher untereinander verstehen, aber je nachdem, wo Sie sich gerade aufhalten, kann es vorkommen, dass Sie einen Moment stutzen. Besonders auffallen wird Ihnen das u, das in einigen Gegenden, beispielsweise in der Ukraine, wie i gesprochen wird; git bedeutet dann „gut“: a gitn ownt (einen guten Abend).

Zu beachten ist auch, dass es einen weiten Spielraum gibt, das ei auszusprechen. Im Folgenden wird deshalb ai bzw. ej geschrieben, wo nur eine dieser Aussprachemöglichkeiten üblich ist. Sofern es offengelassen wird und nur ei steht, können Sie sich ihren Gesprächspartnern anpassen. Das gleiche gilt auch für das weite Spektrum der regionalen Unterschiede von a über o bis u (z. B. waß – woß – wuß).

Das ch ist immer hart auszusprechen, also wie in Da**ch**. Stimmhaftes s (wie in **S**ahne) wird in unserer Umschrift mit s dargestellt, stimmloses s (wie in A**s**t) mit ß. Sp und st werden so verwandt, wie Sie es gewohnt sind – also wie in den Worten **Sp**rache oder **st**ellen.

Doppelbuchstaben tauchen nur auf, wenn sie notwendig sind, um eine falsche Aussprache zu vermeiden. Ein Apostroph (’) wird gesetzt, wo die Zusammenziehung verhindert werden soll. Je nach Region gibt es für das r sowohl die Zungen- als auch die Zäpfchenaussprache. Ein Verschlucken des r am Wortende (wie sagen Sie Lehrer?!) ist im Jiddischen unüblich.

Das h wird nur sehr schwach gesprochen, und oft fällt es ganz weg, weil das Davorstehende mit dem Folgenden zusammengezogen wird. Die Buchstabenkombination -ng- wird hingegen nicht so stark zusammengezogen wie im Hochdeutschen. Für die Selbstlaute im Jiddischen gilt, dass sie auf andere Weise eine Längung erfahren als im Hochdeutschen. Wenn e und o lang sind, wird dies durch Anhängen eines i-Lautes ausgedrückt – hier geschrieben ej und oi.

Wenn wir also die hochdeutschen Worte „schlecht“ und „Schnee“ vergleichen (kurzes und langes e), so ergibt sich für das Jiddische schlecht (mit hartem ch!) und schnej; vergleichen wir „noch“ und „schon“ (kurzes und langes o), so wird daraus noch und schoin (das oi ist wie das eu in Sch**eu**ne zu sprechen).

Dem langen a entspricht ein kurzes, geschlossenes o: tol (Tal). Allgemein sind Selbstlaute eher kurz zu sprechen. Das i hat zwar die Klangfärbung des hochdeutschen ie wie in L**ie**be (und nicht wie in mit), ist jedoch kürzer. Die Laute e und o sind meist offen zu sprechen – e wie in M**e**nsch, o wie in **o**ffen (so kann man sich das gut merken).

Ausnahmen bilden die Reste des Westjiddischen, wo Vokale auch lang zu sprechen sind, ohne den i-Laut anzuhängen. ö und ü sind im Jiddischen weitgehend unbekannt.

Die Faustregeln sind hier:

kurzes ö wird zu **e**	**lefl** Löffel
langes ö wird zu **ej**	**schejn** schön
ü wird zu **i**	**hipsch** hübsch,
(kurzes + langes)	**mi** Mühe

Wo ein ä auftaucht, ist es kurz – wie die anderen Selbstlaute auch. Aber in der Regel gilt, wenn Sie vom Hochdeutschen ableiten wollen:

kurzes **ä** wird zu **e**	**kelbl** Kälbchen
langes **ä** wird zu **ej**	**mejdl** Mädchen

Allerdings sind dies, wie gesagt, nur Faustregeln. Sie sollen Ihnen weiterhelfen, wenn Sie gerade im Gespräch sind und auf die Schnelle einen Ausdruck aus dem Hochdeutschen ableiten wollen.

Vorsilben

Viele der Ihnen bekannten Vorsilben können Sie in abgewandelter Form verwenden:

ab-	**op-**	**opschejd** Abschied
an-	**on-**	**onbot** Angebot
auf-	**oif-, aruf-, uf-, af-**	**oifsezn** aufsetzen
aus-	**oiß-**	**oißfiln** ausführen
be-	**ba-**	**bahitn** behüten
ein-	**arain-, ain-**	**arainbrech** Einbruch
ent-	**ant-**	**antkegn** entgegen
er-	**der-**	**derhaltn** erhalten
her-	**aher-**	**ahergebn** hergeben
herab-	**arop-**	**aroplosn** herablassen
heraus-	**arois-**	**aroisrukn** herausziehen
hin-	**ahin-**	**ahinton** hinlegen

über-	**iber-**	**ibergejn** überqueren
um-	**arum-**	**arumringlen** umgeben
un-	**um-**	**ummeglech** unmöglich
ver-	**far-**	**farstopn** verstopfen
weg-	**awek-**	**awekwarfn** wegwerfen
zer-	**ze-**	**zeklapn** zerschlagen

Allerdings ist auch dies nur eine grobe Orientierungshilfe. In vielen Fällen muss man sich in die Art des Gebrauchs, die im Jiddischen üblich ist, hineindenken.

So bedeutet oißgesternt sternenbedeckt; fartrogn heißt nicht vertragen, sondern wegtragen; farlernen nicht verlernen, sondern einpauken, einstudieren; und ariber- entspricht nicht nur „herüber-“, sondern je nach Umstand auch „um-“ oder „ver-“; z. B. bedeutet ariberfir soviel wie Transport.

Kiddusch-Becher

Wörter, die weiterhelfen

Mit den folgenden Wörtern kann man schon das wichtigste auf Jiddisch sagen.

Wo ist ...?	Wu gefint men ...?
die Apotheke	**di aptejk**
der Gasthof	**di kretschme, di achßanje**
der Hafen	**dem hawn**
die Haltestelle	**di ßtanzje**
der Park	**doß ßedl**
das Postamt	**dem poßt'optejl**
das Schwimmbad	**dem schwimbaßejn**
der Strand	**dem breg**
die Toilette	**dem tualet/dem kloset**
das Zentrum	**dem zenter**
der Zoo	**dem so'ogortn**

Haben Sie ...?	Hobt ir ...?
Briefmarken	**poßtmarkeß**
Durst	**dorscht**
Gemüse	**gortnwarg/grinß**
ein Handtuch	**a hantech**
Obst	**pejreß**
einen Stift	**a feder**
Streichhölzer	**schwebelech**
einen Tisch für zwei	**a tisch far zwej mentschn**
Toilettenpapier	**ascher-jozer-papir**
ein Zimmer	**a cheder/a zimer**

Grammatik-Bezeichnungen

Auch wenn in den Bänden der Kauderwelsch-Reihe weitgehend auf lateinische Grammatik-Bezeichnungen verzichtet wird, ist es dennoch möglich, dass man gelegentlich auf einen mehr oder weniger unverständlichen Ausdruck stößt.

Für alle, die nur die deutschen Bezeichnungen gelernt haben, hier eine kleine Orientierungshilfe.

Singular/Plural	Einzahl/Mehrzahl
Substantiv	Hauptwort (Apfel, Katze)
Nominativ	1. Fall – wer? oder was? (der Vater)
Genitiv	2. Fall – wessen? (des Vaters)
Dativ	3. Fall – wem? (dem Vater)
Akkusativ	4. Fall – wen? oder was? (den Vater)
Adjektiv	Eigenschaftswort (schön, alt)
Adverb	Umstandsbestimmung (gern, immer)
Verb	Tätigkeitswort (arbeiten, waschen)
Präsens	Gegenwart (ich wasche)
Futur	Zukunft (ich werde waschen)
Imperfekt	einfache Vergangenheit (ich wusch)
Perfekt	zusammengesetzte Vergangenheit (ich habe gewaschen)
Plusquamperfekt	Vorvergangenheit (ich hatte gewaschen)
Personalpronomen	persönliches Fürwort (ich, du)
Demonstrativpronomen	hinweisendes Fürwort (dieser, jener)
Possessivpronomen	besitzanzeigendes Fürwort (mein, dein)
Reflexivpronomen	rückbezügliches Fürwort (ich wasche mich)
Präposition	Verhältniswort (in, auf)
Konjunktion	Bindewort (und, aber)
Präfix	Vorsilbe (abbrechen, aufbrechen)
Suffix	Nachsilbe (Heftchen, Tischlein)

Für den Fall, dass Sie sich intensiver damit auseinandersetzen möchten, finden Sie am Ende dieses Büchleins einen kurzen Literaturüberblick.

Jiddisch hat etwas Anarchisches. Zwar gab es, besonders in den letzten Jahrzehnten, immer wieder Versuche, Jiddisch in ein künstliches grammatisches Korsett zu zwängen. Aber damit wird der Sprache ein Bärendienst erwiesen. Denn das Charakteristische ist gerade ihre Lebendigkeit. Je nach Region werden die Dinge unterschiedlich ausgedrückt, werden die Worte anders ausgesprochen, gibt es eigenwillige grammatische Konstruktionen. Unter diesem Aspekt sind auch die folgenden Darstellungen der Grammatik zu verstehen. Es sind eher Richtlinien in Orientierung an den allgemeinen Konventionen, bei deren Zusammenstellung bereits existierende Grammatiken berücksichtigt wurden.

Artikel

Der bestimmte Artikel lautet in der Einzahl (in Klammern die hochdeutsche Entsprechung):

Nominativ	**der** (der)	**di** (die)	**doß** (das)
Genitiv	**dem** (des)	**der** (der)	**dem** (des)
Dativ	**dem** (dem)	**der** (der)	**dem** (das)
Akkusativ	**dem** (den)	**di** (die)	**doß** (das)

Der unbestimmte Artikel wird wie im Englischen gebildet (jedoch nicht englisch ausgesprochen!): In der Einzahl lautet er a, vor Worten, die mit einem Selbstlaut beginnen, an. In der Mehrzahl wird kein unbestimmter Artikel benutzt.

Der Artikel kann in bestimmten Fällen mit dem Hauptwort verschmelzen und es so verändern. Ein solcher Wandel liegt bei dem Wort am (Amme) vor, bei dem sich mittlerweile die Form nam durchsetzt (an am ist zu a nam geworden).

In der Mehrzahl lautet der bestimmte Artikel immer di. *Acht zu geben ist auf den Akkusativ:* dem *(und nicht* den*).*

Hinweisende Fürwörter

Wie Sie sehen, wird der bestimmte Artikel auch zum Hinweisen benutzt; der/di/doß bedeutet also nicht nur der/die/das, sondern auch dieser/diese/dies(es). Bisweilen können Sie auch die verstärkten Formen ot der oder ot o der etc. hören.

	Einzahl			**Mehrzahl**
	männlich	**weiblich**	**sächlich**	
Nominativ	**der**	**di**	**doß**	**di**
Genitiv	**dem(ß)**	**der(ß)**	**dem(ß)**	**di**
	fun dem	**fun der**	**fun dem**	**fun di**
Dativ	**dem**	**der**	**dem**	**di**
Akkusativ	**dem**	**di**	**doß**	**di**

Hauptwörter

Doch gibt es – zumindest regionale – Trends, und bei den meisten Hauptwörtern besteht hinsichtlich des Geschlechts weitgehende Übereinstimmung.

Das grammatische Geschlecht weicht im Jiddischen oft vom Hochdeutschen ab. Im Baltikum ist das sächliche Geschlecht verschwunden, die entsprechenden Wörter sind nun entweder männlich oder weiblich. Aufgrund der vielfältigen kulturellen findet sich in verschiedenen Fällen sogar ein Nebeneinander von zwei oder gar drei Geschlechtern.

Die Beugung jiddischer Hauptwörter ist einfacher als im Hochdeutschen, denn das Wort kann in den vier Fällen unverändert bleiben.

Zu beachten ist allerdings der Genitiv. Er kann mit fun *(von) oder auch mit* -ß *am Ende gebildet werden:*

der orem fun dem paikler
der Arm von dem Schlagzeuger

dem paiklerß orem
des Schlagzeugers Arm

Ausnahmen, bei denen im Dativ und Akkusativ ein -n auftaucht, sind Wörter, die Menschen bezeichnen (tate – taten = Vater), Namen (Dowid – Dowidn = David) sowie harz – harzn (= Herz).

Lehnwörter aus dem Hebräischen sind in der Aussprache dem Jiddischen angepasst.

Die slawischen Lehnwörter sind an bestimmten Endungen zu erkennen: viele der weiblichen Worte auf -azke, -iche, -ize, -ke, -sche sowie die Verkleinerungen auf -nju und -schi.

Verkleinerungen

Das Jiddische ist reich an Verkleinerungen. Hier kommt eine Gefühlsbetontheit der Sprache zum Ausdruck, die in der formalisierten Hochsprache längst verloren gegangen ist. Die Verkleinerungen sind im Jiddischen so geläufig, dass sie auch da auftreten, wo sie im Hochdeutschen unüblich sind.

Die häufigste Verkleinerung erfolgt durch Anhängen eines -l, wobei sich teilweise, wie im Hochdeutschen auch, die Selbstlaute verändern:

bak – bekl	Backe – Bäckchen
boich – baichl	Bauch – Bäuchlein
fuß – fißl	Fuß – Füßchen
hant – hentl	Hand – Händchen
harz – herzl	Herz – Herzchen
kop – kepl	Kopf – Köpfchen
nos – nesl	Nase – Näschen
oig – oigl	Auge – Äuglein
ponim – peniml	Gesicht – Gesichtchen
zop – zepl	Zopf – Zöpfchen

Endet das Wort in der Grundform auf -n, so wird ein d eingeschoben:

hun – hindl	Huhn – Hühnchen
kan – kendl	Kanne – Kännchen
kroin – krejndl	Krone – Krönchen
nign – nigndl	Melodie – Melodiechen
stejn – stejndl	Stein – Steinchen
sun – sindl	Sohn – Söhnchen

Verkleinerungen

Endet ein Wort auf Selbstlaut oder, wenn es bereits verkleinert ist, auf ein stimmhaftes („silbisches“) -l, so erfolgt die (weitere) Verkleinerung durch Änhängen von -ele:

ejsl – ejsele	Esel – Eselchen
floj – flejele	Floh – Flöhchen
foigl – feigele	Vogel – Vögelchen
hintl – hintele	Hund – Hündchen
jab(k)e – jab(k)ele	Frosch – Fröschchen
ku – ki'ele	Kuh – Kuhchen
schwelbl – schwelbele	Schwälbchen
tejbl – tejbele	Täubchen
zigl – zigele	Zicklein

Die Hauptworte, die auf „nichtsilbisches“ -l enden, werden mit -(e)chl oder -(e)chn verkleinert:

moil – majlele	Mund – Mündchen
mil – miljechl, milechen	Mühle – Mühlchen
tejl – tejlchn	Teil – Teilchen

Hauptwörter, die in der Grundform auf -m oder -r enden, können nur einmal verkleinert werden.

Aus dem Slawischen wurde die Verkleinerung auf -(in)ke und -schi übernommen:

bobe – bobinke	Großmutter – Oma
mame – maminke / mameschi	Mutter – Mutti
sejde – sejdinke	Großvater – Opa
tate – tatinke / tateschi	Vater – Vati

Mehrzahlbildung

Die Mehrzahlbildung des Jiddischen ist ein ziemlich umfangreiches Thema. Wir wollen deshalb etwas ausführlicher darauf eingehen. Denn hier können Sie nicht ohne weiteres aus dem Hochdeutschen ableiten. Unterschiedliche Regeln spielen ineinander, und es ergeben sich mehrere Klassen, denen manche Hauptworte sogar parallel angehören. So kann die Mehrzahl von:

flasch (Flasche)	sowohl **flaschn** als auch **flescher** heißen;
foigl (Vogel)	sowohl **foiglen** als auch **fejgl;**
man (Ehe-/Mann)	sowohl **mener** als auch **manen;**
nos (Nase)	sowohl **nes** als auch **neser;**
zung (Zunge)	sowohl **zungen** als auch **zinger;**
wogn (Wagen)	sowohl **wognß** als auch **wegn** und **wegener** heißen.

Hinzu kommt neben regionalen Klangfärbungen natürlich auch der Einfluss des Hochdeutschen. Deutlich wird dies an folgendem Beispiel: Der Gärtner heißt im Jiddischen fast genauso wie im Hochdeutschen, nämlich gertner. Allerdings lautet die Mehrzahl von gortn (Garten) ebenso. Da kann es schon zu Missverständnissen kommen, etwa dann, wenn von fruchtbare gertner die Rede ist. Besonders im gehobenen Sprachstil wird versucht, Irrtümer durch Orientierung am Hochdeutschen zu vermeiden. Nach der Regel „o zu ö" (z. B. Topf – Töpfe) heißen die Gärten dann görtner.

Im Folgenden sind einige wichtige Klassen der Mehrzahlbildung aufgeführt.

Der stärkste Unterschied zur Einzahl findet sich dort, wo die Mehrzahl nicht durch Anhängen einer Endung, sondern durch Stammveränderung angezeigt wird.

kop – kep	Kopf – Köpfe
nomen – nemen	Name – Namen
tochter – techter	Tochter – Töchter
tog – teg	Tag – Tage

In den Regionen, wo u wie i ausgesprochen wird, etwa südwestlich der Achse Danzig-Krim, können bei einigen Begriffen Einzahl und Mehrzahl nicht unterschieden werden.

bruder – brider	Bruder – Brüder
brußt – brißt	Brust – Brüste
hunt – hint	Hund – Hunde
hut – hit	Hut – Hüte
ku – ki	Kuh – Kühe
fuß – fiß	Fuß/Bein – Füße/Beine
schuch – schich	Schuh – Schuhe
sun – sin	Sohn – Söhne

In manchen Fällen gibt es überhaupt keinen Unterschied zwischen der Bildung von Einzahl und Mehrzahl.

briw	Brief, Briefe
arbeß	Erbse, Erbsen
ferd	Pferd, Pferde

Bei anderen Worten wiederum wird sowohl der Stamm verändert als auch eine Endung angehängt.

boich – baicher	Bauch – Bäuche
boim – bejmer	Baum – Bäume
cheschbon – cheschboineß	Rechnung – Rechnungen
cholem – chaloimeß	Traum – Träume
gortn – gertner	Garten – Gärten
nos – neser	Nase – Nasen
of – oifeß	Huhn – Geflügel
tocheß – techeßer	Hintern

Eine große Klasse von Hauptworten endet in der Mehrzahl auf -n bzw. -en.

grais – graisn	Fehler
gruß – grußn	Gruß – Grüße
jam – jamen	Meer – Meere
konwert – konwertn	Briefumschlag – Briefumschläge
onhejb – onhejbn	Anfang – Anfänge
schwer – schwern	Schwiegervater – -väter
taich – taichn	Fluss – Flüsse

Mehrzahlbildung

Eine weitere Klasse von Worten bildet die Mehrzahl auf -er:

besem – besemer	Besen
hemd – hemder	Hemd – Hemden
ßod – ßeder	Obstgarten – -gärten
stein – steiner	Stein – Steine

Sehr viele Wörter bilden die Mehrzahl mit -ß. Es handelt sich um Hauptwörter, die in der Einzahl auf einen unbetonten Vokal, auf -er, -em oder -n enden, sowie um Personennamen.

blaier – blaierß	Bleistift – Bleistifte
entfer – entferß	Antwort – Antworten
feter – feterß	Onkel
firme – firmeß	Firma – Firmen
kußt – kußteß	Busch – Büsche
mume – mumeß	Tante – Tanten
onhejber – onhejberß	Anfänger
tradizje – tradizjeß	Tradition – Traditionen
wire – wireß	Lineal – Lineale

Sehr ähnlich, auf -eß, endet auch die Mehrzahl weiblicher hebräischer Lehnwörter:

choiw – choiweß	Pflicht/Schuld – Pflichten/Schulden
räge – rägeß	Moment – Momente
rejech – rejcheß	Geruch – Gerüche
schochente – schochenteß	Nachbarin – Nachbarinnen
soine – soineß	Nutte – Nutten

Wie Sie sehen, entfällt bei dieser Mehrzahlbildung bei einigen Begriffen das unbetonte e. Das gilt gleichfalls für die männlichen Lehnwörter aus dem Hebräischen. Sie bilden die Mehrzahl, indem ein -im angehängt wird.

bocher – bocherim	Junggeselle – Junggesellen
goj – gojim	Nichtjude – Nichtjuden
gwir – gwirim	Reicher – Reiche
oile – oilim	Israel – Einwanderer

Bei männlichen hebräischen Lehnwörtern gibt es bei der Mehrzahlbildung teilweise erhebliche Veränderungen:

beged – bgodim	Kleidungsstück – Kleidungsstücke
chejlek – chalokim	Teil – Teile
chilek – chilukim	Unterschied – Unterschiede
kelew – klowim	Köter
minheg – minhogim	Brauch – Bräuche
moischl – moschlim	Herrscher
moschl – mescholim	Beispiel – Beispiele
oifn – oifanim	Art, Weise
pached – pchodim	Angst – Ängste

Die Mehrzahl von Verkleinerungsformen wird mit der Endung -lech, bei doppelter Verkleinerung mit -elech gebildet; diese Formen sind sächlich (im Hochdeutschen ist die Mehrzahl der Verkleinerungsform nicht von der Einzahl zu unterscheiden):

baichlech / baichelech	Bäuchlein / Bäuchelchen
bichlech / bichelech	Büchlein / Büchelchen
fingerlech	Fingerchen
fleschl – fleschlech	Fläschchen
jingele – jingelech	kl. Junge – kl. Jungen
jingl – jinglech	Junge – Jungen
lefele – lefelech	Teelöffel
mejdl – mejdlech	Mädchen

Einige aus dem Hochdeutschen übernommene Worte bilden wie diese die Mehrzahl auf -e, so etwa bakante (Bekannte) oder gelernte (Gelehrte).

T-Shirt vom „Good Fence"

Eigenschaftswörter

Eigenschaftswörter, die bei männlichen Hauptwörtern stehen, werden nach diesem Muster (hier grin, grün) gebeugt:

Nominativ	**der griner boim** der grüne Baum
Genitiv	**dem grinen boimß** des grünen Baumes
Dativ	**dem grinen boim** dem grünen Baum
Akkusativ	**dem grinen boim** den grünen Baum

In der Mehrzahl heißt es immer di grine bejmer, nur im Genitiv wird ein -ß angehängt: di grine bejmerß.

Eigenschaftswörter, die bei weiblichen Hauptwörtern stehen, bilden folgende Formen (hier schejn, schön):

Nominativ	**di schejne blum** die schöne Blume
Genitiv	**der schejner blumß** der schönen Blume
Dativ	**der schejner blum** der schönen Blume
Akkusativ	**di schejne blum** die schöne Blume

Auch hier tut sich in der Mehrzahl nicht viel: Es heißt immer di schejne blumen, und nur im Genitiv wird wieder ein -ß angehängt: di schejne blumenß.

Die Beugung bei unbestimmtem Artikel funktioniert genauso.

Besonders zu beachten ist bei Verbindungen mit männlichen Hauptwörtern im Nominativ und weiblichen im Genitiv (jeweils der Einzahl), dass das Eigenschaftswort die Endung -er hat.

Nun noch die Eigenschaftswörter bei sächlichen Hauptwörtern, hier niderik *(klein, niedrig):*

Nominativ	**doß niderike ferd** (das Pony) *das niedrige Pferd*
Genitiv	**dem niderikn ferdß** (des Ponys)
Dativ	**dem niderikn ferd** (dem Pony)
Akkusativ	**doß niderike ferd** (das Pony)

In der Mehrzahl auch hier wieder im Genitiv di niderike ferdß, sonst immer di niderike ferd. Bei unbestimmtem Artikel allerdings weicht die Beugung von derjenigen mit bestimmtem Artikel ab:

Nominativ	**a niderik ferd** (ein Pony)
Genitiv	**a niderik(n) ferdß** (eines Ponys)
Dativ	**a niderik(n) ferd** (einem Pony)
Akkusativ	**a niderik ferd** (ein Pony)

Hat ein Eigenschaftswort bereits eine Endung auf -ß oder -z, so wird bei der Beugung kein weiteres -ß angehängt.

Entsprechend wird in den Fällen, wo bereits ein -e vorliegt, kein weiteres -e angehängt.

Endet das Eigenschaftswort auf Selbstlaut, so wird in den Fällen, wo ein -n anzuhängen ist, dies auf -en erweitert, z. B. fraien (Gen., Dat., Akk. zu frai, frei).

Eigenschaftswörter auf -n hängen bei der Beugung nicht -n oder (substantiviert) -ns, sondern stattdessen -m bzw. -ms an:

dem dinems spakuln
dem Dünnens Brille
die Brille des Dünnen

Eigenschaftswörter, die eine geographische Herkunft gezeichnen, werden nicht gebeugt.

dem ukra'iner singerß kol
dem ukrainer Sängers Stimme
die Stimme des ukrainischen Sängers

In vielen Fällen ist ein -e- einzuschieben, so bei Auslaut auf -l, -m, -n, -ng oder -nk, so z. B.:

tunkl (dunkel) – mit einer Endung: **tunklen**
geram (geräumig) – mit einer Endung: **geramen**
ejgn (eigen) – mit einer Endung: **ejgener**

chale (Hefezopf)

Farben – kolirn

vom Hochdeutschen abweichende Bezeichnungen

gelb	**gel**	braun	**broin**
rot	**roit**	grau	**groi**
rosa/pink	**rose(we)**	hell	**glanzik; lichtik**
grün	**grin**	dunkel	**tunkl**
blau	**bloi; bla; blu**	bunt	**filfarbik**

einige Eigenschaftswörter

billig	**volvl**	teuer	**taier**
dick	**grob**	dünn	**din**
groß	**groiß**	klein	**klein**
hell	**hel**	dunkel	**tunkl**
innen	**inewejnik**	außen	**droißndik**
leicht	**gring**	schwer	**schwer**
nah	**noent**	fern	**weit**
oben	**oibn**	unten	**untn**
links	**link**	rechts	**recht**
richtig	**recht**	falsch	**farkert**
schnell	**gich**	langsam	**pamelech**
viel	**a ßach**	wenig	**karg**

Steigern & Vergleichen

Die Steigerung der Eigenschaftswörter erfolgt nach dem gleichen Muster wie im Hochdeutschen:

gring – gringer – gringßt
leicht – leichter – leichtest

der warmßter mantl
der wärmste Mantel

oder aber:

stark a jingere wi si
stark eine jüngere wie sie
eine viel jüngere als sie

Außerdem kann auch mit mer (mehr) und ßame (meist) gesteigert werden. Ein Superlativ lässt sich mit ßame auch noch verstärken:

di ßame schejnßte blum
die ganz schönste Blume

Des Weiteren kann eine Eigenschaft auch mit sejer (sehr) hervorgehoben werden:

sejer an onstendiker mentsch
ein sehr anständiger Mensch

Diese Hervorhebung kann von der Mimik begleitet werden: leicht zurückgelegter Kopf, angedeutetes Schütteln des Kopfes, etwas verengte Augen, wobei das sejer und/oder die ganze Phrase ein- oder mehrmals wiederholt wird.

Es gibt auch unregelmäßige Steigerungen:

frum	fromm
frimer	frömmer
frimßt	am frömmsten
gut	gut
beßer	besser
beßt	am besten
schlecht	schlecht
arger	schlechter
ergßt	am schlechtesten
wejnik	wenig
miner / wejniker	weniger
minßt	am wenigsten

kapl (Kippa)

Verben & Zeiten

Im Jiddischen gibt es fünf Zeiten: Gegenwart, Vergangenheit, Vollendung in der Vergangenheit, Zukunft, Vollendung in der Zukunft.

Die Tätigkeitswörter bestehen wie im Hochdeutschen aus einem Wortstamm, an den eine Endung angehängt wird.

In der Grundform lautet die Endung -en (oder einfach -n). So wird aus dem Wortstamm tracht- durch Anhängen der Grundform-Endung das Wort trachten (denken); durch Anhängen der Endung für das Partizip der Gegenwart -(e)ndik ergibt sich trachtendik (denkend) usw.

Gegenwart

Schauen wir uns die weitere Beugung dieses und eines weiteren regelmäßigen Verbs (cholemen = träumen) in der Gegenwart an:

trachten	denken
ich tracht	ich denke
du trachtßt	du denkst
er/si/eß tracht	er/sie/es denkt
mir trachten	wir denken
ir tracht	ihr denkt
sej trachten	sie denken

cholemen	träumen
ich cholem	ich träume
du cholemßt	du träumst
er/si/eß cholemt	er/sie/es träumt
mir cholemen	wir träumen
ir cholemt	ihr träumt
sej cholemen	sie träumen

„geben einen Quetsch für ein Knöpfchen“

Oftmals werden Tätigkeiten mit gebn (geben) umschrieben. Wenn Sie z. B. eine (Computer-)-Taste drücken, so heißt das gebn a kwetsch far a knepl und gebn a kuk bedeutet „einen Blick werfen“.

gebn	geben
ich gib	ich gebe
du gißt	du gibst
er/si/eß git	er/sie/es gibt
mit gibn	wir geben
ir git	ihr gebt
sej gibn	sie geben

Vergangenheit

Die einfache Vergangenheit gibt es im Jiddischen nicht. Sie wird, wie etwa auch im Bairischen und in anderen Dialekten, durch die zusammengesetzte Vergangenheit ausgedrükkt. Hierzu benötigen wir das Hilfsverb hobn (haben), das gebeugt zusammen mit dem Partizip Perfekt des betreffenden Tätigkeitswortes (in unserem Beispiel: getracht) auftritt.

Das Partizip Perfekt wird in der Regel wie im Hochdeutschen gebildet: Vor den Wortstamm wird ge-, dahinter -t gestellt (also wie in gestellt!), in einigen Fällen wird das Partizip Perfekt auch mit ge ... (e)n gebildet.

ich hob getracht	ich habe gedacht/ ich dachte
du hoßt getracht	du hast gedacht/ du dachtest
er/si/eß hot getracht	er/sie/es hat gedacht/ er/sie/es dachte
mir hobn getracht	wir haben gedacht/ wir dachten
ir hot getracht	ihr habt gedacht/ ihr dachtet
sej hobn getracht	sie haben gedacht/ sie dachten

gebetn	gebeten
ge'entfert	geantwortet
gelejent	gelesen
gemoln/gemolt	gemalt
ongehoibn	begonnen
gepruwt	probiert

Di mame hot aingewigt doß ejfele.
die Mutter hat eingewiegt das Vögelchen
Die Mutter hat ihr Baby in den Schlaf gewiegt.

In schifl, ich hob gefirt maine bagaj / main pekl.
im Boot ich habe geführt mein Gepäck / mein Päckchen
Während der Bootsfahrt hatte ich mein Gepäck bei mir.

Je nach den Umständen können Zusammenziehungen auch in anderer Stellung erfolgen, also hobich *(habe ich),* hoter *(hat er) etc.*

In der Umgangssprache wird hier oft zusammengezogen:

(i)chob	ich habe
duoßt	du hast
erot/siot/ßot	er/sie/es hat
mirobn	wir haben
irot	ihr habt
sejobn	sie haben

Einige Verben bilden die Vergangenheit mit dem Hilfswort sain:

blaibn	bleiben
faln	fallen
forn	reisen, fahren
fli'en	fliegen
gejn	gehen
gelingen	gelingen
geschen	geschehen
krichn	kriechen
kumen	kommen; schulden
loifn	laufen
schlofn	schlafen
starbn	sterben
stejn	stehen
wakßn	wachsen
wern	werden

Dies gilt natürlich auch für entsprechende Zusammensetzungen mit Vorsilben wie antlofn (fliehen), gefeln (gefallen), oifstejn (aufstehen), onkumen (ankommen; onkumen zu (Hilfe erhalten; ersuchen um). Hier heißt die Vergangenheit also nicht ich hob antlofn usw., sondern:

ich bin antlofn	ich bin geflohen
du bißt antlofn	du bist geflohen
er/si/eß is antlofn	er/sie/es ist geflohen
mir se(i)nen antlofn	wir sind geflohen
ir se(i)(n)t antlofn	ihr seid geflohen
sej se(i)nen antlofn	sie sind geflohen

Ich hob getracht, as du bißt antlofn.
Ich habe gedacht dass du bist entlaufen.
Ich dachte, du wärst geflohen.

Si is geblibn eine alein.
Sie ist geblieben eine allein.
Eine einzige blieb übrig.

Die vollendete Vergangenheit wird nach dem Muster gebildet:

ich hob gehat getracht
ich habe gehabt gedacht
ich hatte gedacht

ich bin gewe(j)n antlofn
ich bin gewesen entlaufen
ich war geflohen

Zu beachten ist, dass viele Tätigkeitswörter unregelmäßig sind. Hier kann man sich allerdings weitgehend am Hochdeutschen orientieren. Dies wird schnell deutlich, wenn man sich etwa das Tätigkeitswort blaiben *in der Vergangenheit anschaut.*

Zukunft

Um die Zukunft auszudrücken, benötigt man ebenfalls ein Hilfsverb, nämlich wern, dem dann die Grundform des betreffenden Tätigkeitswortes folgt, also z. B.:

ich wel ratewen	ich werde retten
du weßt ratewen	du wirst retten
er/si/eß wet ratewen	er/sie/es wird retten
mir weln ratewen	wir werden retten
ir wet ratewen	ihr werdet retten
sej weln ratewen	sie werden retten

Die (selten benutzte) vollendete Zukunft bildet man mit dem Hilfsverb der Zukunft (wern) plus hobn oder sain plus Partizip Perfekt.

ich wel hobn gehalst
ich werde haben gehalst
ich werde umarmt haben

mir weln sain geforn
wir werden sein gefahren
wir werden gefahren sein

Befehlsform

Die Befehlsform in der Einzahl liegt Ihnen bereits im Wortstamm vor: hejb! (hebe!), wais! (zeige!), se! (schau!). Die Mehrzahl der Befehlsform erhalten Sie, wenn Sie wie im Hochdeutschen ein -t an den Wortstamm anhängen: hejbt, waist, set.

Relativ häufig wird im Jiddischen die Befehlsform nicht nur in den zweiten, sondern auch in der dritten Person gebraucht. Dies erfolgt mit soln (sollen) als Hilfsverb: er sol hejbn (er soll heben), si sol waisn (sie soll zeigen) oder sej soln sen (sie sollen schauen). Auf diese Art lassen sich übrigens auch die Befehlformen der zweiten Personen bilden.

Mit der Wunschform wird aufgefordert. Häufig ist der Gebrauch von lomir, eine Zusammensetzung aus losn (lassen) und mir (wir). Dieser Ausdruck wird vor die Grundform gesetzt: Lomir pruwn (lass/lasst uns ausprobieren). Zur Verstärkung kann an lomir noch je angehängt werden, also: lomir-je ... (so lass/lasst uns doch...).

Bedingungsform

Für die Gegenwart gibt es zwei Möglichkeiten: Zum einen die Vergangenheit des Hilfsverbs **wolen** mit dem Partizip Perfekt:

ich wolt gewisn	ich würde zeigen
du wolßt gewisn	du würdest zeigen
er/si/eß wolt gewisn	er/sie/es würde zeigen
mir wolten gewisn	wir würden zeigen
ir wolt gewisn	ihr würdet zeigen
sej wolten gewisn	sie würden zeigen

und zum anderen solen mit der Grundform:

ich sol weisn	ich würde zeigen
du solßt weisn	du würdest zeigen
er/si/es sol weisn	er/sie/es würde zeigen
mir soln weisn	wir würden zeigen
ir solt weisn	ihr würdet zeigen
sej soln weisn	sie würden zeigen

Die Bedingungsform der Vergangenheit kann ebenfalls auf zwei Arten gebildet werden – entweder so:

ich sol gewen weisn	ich hätte gezeigt
du solßt gewen weisn	du hättest gezeigt
er/si/eß sol gewen weisn	er/sie/es hätte gezeigt
mir soln gewen weisn	wir hätten gezeigt
ir solt gewen weisn	ihr hättet gezeigt
sej soln gewen weisn	sie hätten gezeigt

oder so:

ich wolt gewen geweist	ich hätte gezeigt
du woltßt gewen geweist	du hättest gezeigt
er/si/eß wolt gewen geweist	er/sie/es hätte gezeigt
mir woltn gewen geweist	wir hätten gezeigt
ir wolt gewen geweist	ihr hättet gezeigt
sej woltn gewen geweist	sie hätten gezeigt

Modalverben

Ähnlich wie die Hilfsverben treten häufig auch die Modalverben ergänzend zum Tätigkeitswort hinzu. Folgende Modalverben – die übrigens regelmäßig gebeugt werden (gemegt – gedurft, gedarft – gemusst) – sind üblich:

brauchen	**broichn; badarfn; darfn**
dürfen	**megen**
nicht dürfen	**ni(sch)t torn**
können	**kenen; konen**
lassen	**losn**
müssen	**badarfn; darfn; musn**
sollen	**soln; kern**
wollen	**weln**

kern kommt von gehern (gehören); es wird gebraucht im Sinn von „sollen", „(sich) gehören".

„Kern", „Korn" und „kehren" lauten auf jiddisch übrigens ebenso.

si ker kumen
sie sollte/möge kommen

Di gaslonim kern bastroft.
Die Diebe gehören bestraft.

losn und soln sind oft austauschbar:

los er/sol er ...	möge er ...
losn sej/soln sej ...	mögen sie ...

Hier wird deutlich, dass dieser Gebrauch von losn *in einer Reihe mit* lomir *= „mögen wir", „lass/t uns" steht.*

Um eine Gewohnheit („ich pflegte Schlittschuh zu laufen“, „ich lief gewöhnlich Schlittschuh“) auszudrücken, kann z. B. gesagt werden:

ich fleg sich glitschn
du flegßt sich glitschn
er/si/eß flegt sich glitschn
mir flegn sich glitschn
ir flegt sich glitschn
sej flegn sich glitschn

Fürwörter

Persönliche Fürwörter

Einzahl	ich	du	er	sie	es
Nominativ	**ich/ch-**	**du**	**er**	**si**	**eß/ß-/ße**
Genitiv	**fun mir**	**fun dir**	**fun im**	**fun ir**	**fun im**
Dativ	**mir**	**dir**	**im/-n**	**ir**	**im/-n**
Akkusativ	**mich/mir**	**dich/dir**	**im/-n**	**si**	**eß/ß-/ße**

Anstelle von ich kann ein ch- vor das folgende Wort gestellt werden:

ichkuk
ich-gucke
ich schaue

chkuk
ich-gucke
ich schaue

In einigen Gegenden heißt es im Akkusativ anstelle von „mich“ auch „mir“ und anstelle von „dich“ auch „dir“.

Besonders bei Tätigkeitsworten, die mit mehreren Mitlauten beginnen, kann ße statt eß gesagt werden:

ße strikt di froi
es strickt die Frau
die Frau strickt

Auch kann statt eß nur ß- vor das folgende Wort gestellt werden:

ßgejt a wint
's-geht ein Wind
es ist windig

Wo das im (ihm) mit dem vorausgehenden Wort zusammengezogen wird, bleibt -n übrig:

er sogtn on
er sagt-ihm an
er trägt ihm auf

Im Genitiv wird fun im usw. natürlich nicht, wie das hochdeutsche „sein/e“, voran-, sondern nachgestellt:

di mide fun im
die Gewohnheit von ihm
seine Gewohnheit

Der Genitiv des persönlichen Fürworts wird zu den besitzanzeigenden Fürwörtern erweitert, die Sie auf der übernächsten Seite aufgelistet finden.

Mehrzahl	wir	ihr	sie
Nominativ	**mir**	**ir/ez**	**sej**
Genitiv	**fun un(d)s**	**fun aich**	**fun sej**
Dativ	**un(d)s**	**aich/enk**	**sej**
Akkusativ	**un(d)s**	**aich/enk**	**sej**

Die Formen ez und enk, die in Polen, Rumänien und der Ukraine auftreten, sind eigentlich Dualformen, d. h. nur auf zwei zusammen angesprochene Personen bezogen.

Das persönliche Fürwort kann in einigen Fällen entfallen, und zwar in der 2. Person Einzahl, z. B.

Hoßt schejne oign.
hast schöne Augen
Du hast schöne Augen.

und auch da, wo eine Zusammenziehung erwartet wird, wie solßtu (sollst-du) oder wejßtu (weißt-du), fällt das u, welches den Rest des „du“ darstellt, oft weg: solßt, wejßt.

Ebenso kommen „Ausfälle“ des persönlichen Fürworts in der 3. Person Einzahl vor, und zwar besonders bei Ausrufen mit sol ...!

... sol lebn! bzw. sol sain ...! bedeuten, dass ein/e aus dem Kontext zu erschließende/-r/-s Er, Sie oder Es leben bzw. sein soll. Besonders eß kann wegfallen, wenn es Subjekt (Satzgegenstand) ist, speziell in Wendungen wie dacht / ducht sich / waist oiß (es scheint).

Besitzanzeigende Fürwörter

	Einzahl	Mehrzahl
1. Person	**main**	**un(d)ser**
2. Person	**dain**	**ajer**
3. Person	**sain/ir/sain**	**sejer**

Diese allgemeinen Formen des besitzanzeigenden Fürworts sind auch noch im Hochdeutschen enthalten. Sind die bezeichneten Objekte in der Mehrzahl, wird ein -e angehängt: maine (meine), daine (deine) usw.

Doch auch im Jiddischen sind die gebeugten Formen verbreiteter. Schauen wir uns die Beugung von sejer/e (ihr/e) an:

Einzahl	männlich	weiblich	sächlich	Mehrzahl
Nominativ	**sejerer**	**sejere**	**sejerß**	**sejere**
Genitiv	**sejernß**	**sejerß**		**sejernß**
	(fun) sejeren	**(fun) sejerer**	**(fun) sejeren**	**(fun) sejere**
Dativ	**sejerem/-n**	**sejerer**	**sejerem/-n**	**sejere**
Akkusativ	**sejeren/-m**	**sejere**	**sejerß**	**sejere**

In den vier Fällen bedeutet dies auf Hochdeutsch (Nom.) sein; (Gen.) seines/von seinem; (Dat.) seinem; (Akk.) seinen. Die anderen Personen werden entsprechend gebeugt, also in den drei Geschlechtern im Nominativ: mainer (meiner) – maine (meine) – mainß (mein/e/s), Mehrzahl: maine (meine).

In einigen Gegenden heißt es in der 2. Person Mehrzahl (statt aierer) enker (eurer) usw.

Umstandswörter

Es gibt mehrere Möglichkeiten, ein Tätigkeitswort näher zu bestimmen. Zum einen können die Eigenschaftswörter auch als Umstandswörter benutzt werden [1]. Zum anderen können Eigenschaftswörter sowie Partizipien um die Endung -erhejt ergänzt werden [2]. Und schließlich können auch aus Hauptwörtern Umstandswörter gebildet werden, indem -wais angehängt wird [3].

[1] **derzejln prost un puschet woß is gewen**
erzählen schlicht und einfach was ist gewesen

[2] **me tor nit forn oito schikererhejt**
man darf nicht fahren Auto betrunken

[3] **ich hob scho'enwais geklungen**
ich habe stundenlang angerufen

Wird ein Umstandswort gesteigert, so lautet der Superlativ zum / am ... -ßtn.

geschmak	lecker
geschmaker	leckerer
zum/am geschmakßtn	am leckersten

Jener wain filt zum geschmakßtn.
jener Wein fühlt zum schmackhaftesten
Der andere Wein schmeckt am besten.

Fragen

Anders als im Hochdeutschen gibt es im Jiddischen hier oft keine besondere Satzstellung. Der Fragesatz wird dann wie eine Aussage formuliert, und nur durch den fragenden Tonfall wird klar, dass es sich um eine Frage handelt. Hieran wird wiederum deutlich, dass das Gefühl in der jiddischen Denkweise (die mit der Sprache gekoppelt ist) eine größere Rolle spielt als im eher funktionsorientierten Hochdeutschen.

Du bißt an arumforndiker?
du bist ein Herumfahrender
Bist Du Reisender?

Schoin gesen di schul?
schon gesehen die Schule
Haben Sie schon die Synagoge gesehen?

Daneben gibt es im Jiddischen aber auch die Möglichkeit, wie im Hochdeutschen den Satz mit einem Fragewort zu beginnen oder die Frage durch die Satzstellung zu kennzeichnen, also mit Satzanfängen wie Bißtu ... ? (Bist du ... ?), Hot ir ... ? (Haben Sie ... ?) etc.

Weme(n)ß reje iß izter?
wessen Reihe ist jetzt
Wer ist jetzt dran?

Woß far a reßtoran hot ir gefunen?
Was für ein Restaurant haben Sie gefunden?

Einen Fragesatz können Sie auch mit zi einleiten, was sowiel wie ob bedeutet. Auch efscher (vielleicht) taucht, je nach Zusammenhang, häufig in dieser Verbindung auf.

Eine Frage erhält mehr Gewicht, wenn Sie das Objekt des Satzes weiter nach vorn stellen:

Mit dem oito wo fort ir?
mit dem Auto wo fahrt Ihr
Wohin fahren Sie mit dem Wagen?

Du woß wilßt?
du was wilst
Was willst denn du?

wi	wie	**far woß**	warum
wo	wo	**woßer**	was für/welcher
fun woß	wovon		

Fragewörter können Sie verstärken, indem Sie ein -je anhängen: far woß-je ... ? (warum bloß ... ?). Am Satzanfang kann eine verstärkte Frage lauten: Is woß ... ?. Das bedeutet nicht etwa „Ist was?“, sondern soviel wie *was denn* oder *warum denn* (möglicherweise ist hier das is aus „izt“, also „nun“, „jetzt“ hervorgegangen).

Der Einschub ajo (nicht wahr) ist zur Einleitung von Fragen gebräuchlich, muss aber nicht unbedingt übersetzt werden:

Ajo, ir sent a ßtudent?
(Nicht wahr,) Sie sind Student?

Emotion kommt bisweilen auch dadurch zum Ausdruck, dass der Fragesatz mit ..., ha? beendet wird.

In einen Satz, der auf eine Frage hinausläuft, kann nach dem Fragewort ein unterstützendes eß oder doß eingebaut werden (die beiden sind austauschbar, eß ist etwas häufiger):

Sogt mir, wer eß wil gejn zum taich.
sagt mir, wer es will gehen zum Fluss
Wer möchte zum Fluss gehen?

Satzbau

Im Allgemeinen können Sie beim Satzbau so verfahren, wie Sie es vom Hochdeutschen her gewohnt sind. So sind Umstellungen am Satzanfang, wie sie im Jiddischen häufig sind, zwar weniger aus dem Schriftdeutschen, aber doch aus der Umgangssprache bekannt, also Hot er ... (Hat er – statt: Er hat), Is men ... (Ist man – statt: Man ist) etc. Der Infinitiv wird in der Satzstellung oft vorgezogen: Ich wil koifn a bichl. Besonderheiten gibt es nur beim Fragesatz und bei der Verneinung.

Verneinung

Nicht jeder Verneinungssatz hat ein kejn, *aber das* ni(sch)t *sollte in irgendeiner Form vorhanden sein.*

Verneint wird im Jiddischen mit ni(sch)t (nicht), kejn (kein) und on (ohne). Es gibt hierbei kein festes Muster der Satzstellung, häufig aber wird das Verneinungswort direkt vor das zu verneinende Tätigkeits- oder Hauptwort gestellt. Dabei ist die doppelte Verneinung üblich, so wie sie auch in anderen deutschen Dialekten vorkommt.

Sie können die Verneinung verstärken, indem Sie hinter das kejn *ein* schum *(da) hängen.*

Er hot kejn sach nit gefunen.
er hat keine Sache nicht gefunden
Er hat nichts gefunden.

Kejn schum schifl fort in jam nischt arain.
kein da Schifflein fährt in Meer nicht herein
Kein einziges Boot sticht in See.

Das ni(sch)t können Sie betonen, indem Sie gor (gar), sejer (sehr) oder biklal (überhaupt) davorstellen.

Er wejß gornischt.
er weiß garnicht
Er hat keine Ahnung.

Verneinungen erfolgen auch mit:

anit	falls nicht
be'ejn oifn nit	auf keinen Fall
in ergez nit	nirgendwo/hin

mer nischt	nicht mehr
nischt mer	nicht mehr
nischto	nicht da
nit wos	nichts
nor gornischt	macht nichts
schoin nicht	nicht mehr
wenn nischt	wenn nicht

Um keine der üblichen Verneinungen handelt es sich, wenn Sie in einem Satz schir nit (schier nicht) hören, da es „fast“ oder „beinahe“ bedeutet; ähnlich wi nit is (wie nicht ist), was soviel wie „überhaupt“ heißt; oder wenn nit wenn (gelegentlich). Auch das wi nit (wie nicht) stellt lediglich eine Verstärkung dar:

... schir nit farlorn dem biljet.
... schier nicht verloren das Ticket
... beinahe das Ticket verloren.

Wi hobn sej nit gepruwt.
wie haben sie nicht geprüft
Sie haben es mit aller Kraft versucht.

Wenn Sie auf eine Frage, die Sie gestellt haben, Nu, woden? *(Nun, wo denn?) hören, so ist das der Form nach zwar eine Gegenfrage, sie bedeutet aber „Na klar!“.*

Haupt- und Eigenschaftswörter werden durch die Vorsilbe um- (un-) verneint:

umbahilfik	unbeholfen
umbamenscht	unbemannt
umbarirlech	unantastbar
umglik	Unglück
umongenemkait	Unannehmlichkeit
umsißt	umsonst

Zahlen & Zählen

Sie können beim Besuch jüdischer Orte oftmals auf solche Zahlen treffen, besonders bei Datumsangaben in Synagogen, auf Friedhöfen oder bei anderen Inschriften.

Um Zahlen zu schreiben, bedient man sich im Jiddischen des hebräischen Systems, bei dem den Buchstaben bestimmte Zahlenwerte zugeordnet werden.

Null lässt sich mit nul oder sero ausdrücken; beide Worte können männlich (der) und weiblich (di) sein. Ebenso, wie es im Hochdeutschen „Nullen" gibt, kann auch im Jiddischen die Mehrzahl gebildet werden: nuln bzw. seroß.

Ejnß (eins) taucht nur beim Zählen auf. Auch hier sind sowohl die männliche wie die weibliche Form möglich; die Mehrzahl lautet ejnßn. In Verbindung mit einem Hauptwort werden die Geschlechter folgendermaßen unterschieden: ejner (m), ejne (w), ejn (s).

In der folgenden Tabelle finden Sie die Buchstaben mit den entsprechenden Werten aufgelistet.

Brotladen, Havanna

א	**alef**	1
ב	**beß**	2
ג	**giml**	3
ד	**dalet**	4
ה	**he**	5
ו	**waw**	6
ז	**sajin**	7
ח	**cheß**	8
ט	**teß**	9
י	**jod**	10

יא	**jod-alef**	11
יב	**jod-beß**	12
יג	**jod-giml**	13
יד	**jod-dalet**	14
טו	**teß-waw**	15
טז	**teß-sajin**	16
יז	**jod-sajin**	17
יח	**jod-cheß**	18
יט	**jod-teß**	19

כ	**chof**	20
ל	**lamed**	30
מ	**mem**	40
נ	**nun**	50
ס	**ßamech**	60
ע	**ajin**	70
פ	**pej**	80
צ	**zadek**	90

ק	**kof**	100
ר	**resch**	200
ש	**schin**	300
ת	**ßof**	400

Zahlen sind entweder grod *(gerade) oder* umik *(ungerade).*

Grundzahlen – di gruntzoln

1	**ejnß**	11	**el(e)f**
2	**zwej**	12	**zwel(e)f; tuz**
3	**drai**	13	**draizn**
4	**fir**	14	**fertzn**
5	**fin(e)f**	15	**fuftzn**
6	**sex**	16	**sechzn**
7	**sibn**	17	**sibetzn**
8	**acht**	18	**achzn**
9	**nain**	19	**nainzn**
10	**zen**	20	**zwanzik/zwonzik**

21	**ejn un zwanzik/zwonzik**
22	**zwej un zwanzik/zwonzik**
23	**drai un zwanzik/zwonzik**
24	**fir un zwanzik/zwonzik**
25	**finf un zwanzik/zwonzik**
30	**draißik**
31	**ejn un draißik**
40	**ferzik**
50	**fufzik**
60	**sechzik**
70	**sibezik**
80	**achzik**
90	**nainzik**

100	**hundert; meje**
101	**hundert (un) ejn(ß)**
110	**hundert (un) zen**
120	**hundert (un) zwanzik/zwonzik**
200	**zwej hundert**
300	**drai hundert**
563	**finf hundert drai un sechzik**

1.000	**toisnt**
2.000	**zwej toisnt**
3.000	**drai toisnt**
1.000.000	**milion**
2.000.000	**zwej milionen**

der jüdische Friedhof, Prag

Während bei milion keine Verständigungsprobleme zu erwarten sind, ist bei miliard und bilion Vorsicht geboten. Denn dort, wo amerikanischer Einfluss herrscht, bedeutet biljon nicht Billion, sondern Milliarde.

Die Mehrzahlen hunderter, toisnter, milionen, miliardn sind männlich. Meje (hundert) allerdings ist, ebenso wie die Mehrzahl mejeß, weiblich. Tuz (Dutzend; Mz: tuzn) ist männlich, ebenso wie zendling oder zendlik (Zehnschaft; Mz zendlinger, zendliker); diese Worte werden aber nach einem Zahlwort in der Einzahl benutzt.

Is gekumen a zendlik raisnderß.
Ist gekommen eine Zehnschaft Reisende.
Eine Gruppe von zehn Touristen ist angekommen.

auch: ordenungzoln

Die Ordnungszahlen – die ßejderzoln

1.	ärscht(e-r)	11.	elft(e-r)
2.	zwejt(e-r)/ander(e-r)	12.	zwelft(e-r)
3.	drit(e-r)	13.	draizet(e-r)/draiznt(e-r)
4.	fert(e-r)/ferd(e-r)	14.	ferzet(e-r)/ferznt(e-r)
5.	fi(n)ft(e-r)	15.	fufzet(e-r)/fufznt(e-r)
6.	sext(e-r)	16.	sechzet(e-r)/sechznt(e-r)
7.	sibet(e-r)/sibit(e-r)	17.	sibeznt(e-r)
8.	acht(e-r)	18.	achzet(e-r)/achznt(e-r)
9.	naint(e-r)	19.	nainzet(e-r)/nainznt(e-r)
10.	zent(e-r)	20.	zwanzig(ß)t(e-r)/ zwonzig(ß)t(e-r)

30.	draißikßt(e-r)	70.	sibezikßt(e-r)
40.	ferzikßt(e-r)	80.	achzikßt(e-r)
50.	fufzikßt(e-r)	90.	nainzikßt(e-r)
60.	sechzikßt(e-r)	100.	hunderzt(e-r)

Die Ordnungszahlen werden wie die Adjektive gebeugt; es gibt also (mit/ohne bestimmtem Artikel) die männliche (der/…er), die weibliche (di / …e), die sächliche (doß / …e / …eß) und (bei unbestimmtem Artikel) die endungslose sächliche Form.

Bruchzahlen

Halb hat dieselbe Bedeutung wie im Hochdeutschen und wird auch als Adjektiv gebeugt. „Ein halbes“, „eine Hälfte“ wird durch a halbß und a helft ausgedrückt.

	Einzahl	Mehrzahl
1/2	**helft** (w)	**helftn**
1/3	**dritl** (s) oder **dritchejlek** (m)	**dritlech** oder **dritchalokim**
1/4	**fertl** (s) oder **fertchejlek** (m)	**ferdlech** oder **fertchalokim**

Folgt die Bruchzahl einem Zahlwort, so bleibt sie in der Einzahl: drai fertl *(drei Viertel).*

Zusammengesetzte Brüche können auf vielerlei Weise ausgedrückt werden:

- ejn a halb	**- onderthalb(e)n**
- ejn un a halb	**- ejn(ß) un a halb(ß)**
- anderthalb(e)n	**- ejn(ß) mit a halb(ß)**

Für 1½ gibt es folgende Möglichkeiten:

Bei 2½ ist es schon einfacher: zwej un / mit a halb(ß) oder drithalb(e)n.

So geht es auch weiter: 3½ – drai un / mit a halb(ß) oder ferthalb(e)n.

Weitere Zahlenangaben

erstens	**ärstnß/rejscheß**
zweitens	**zwejtnß/schejneß**
drittens	**dritnß/schlischeß**
viertens	**fertnß**
fünftens	**fi(n)ftnß**
sechstens	**sextnß**
siebtens	**sibetnß** usw.

beide	**bejde**
doppelt	**tapel(t)**
ungefähr (mit Zahlwort)	**(a) woßere**

Wenn Sie nicht allein reisen, werden Sie Ihren Gesprächspartnern mitteilen wollen, zu wie vielen Sie unterwegs sind:

- zu zweit: **salbenand**
- zu dritt: **salbdrit** usw.

Die Gruppengröße anderer kann man auch wie folgt ausdrücken:

- **zwej ire** (ihrer zwei)
- **drai ire** (ihrer drei) usw.

Möchten Sie etwas über Verteilungen aussagen, können Sie das so tun:

- je zwei: **zu zwej**
- je drei: **zu drai** usw.

Mengenangaben & Bestimmungen

z. B. Stück etc.	**a**	ca., eine gewisse Menge
	abi wer/woß	irgendwer/irgendwas
	a ßach/asa ßach	viel/soviel
verstärkend zum Hauptwort	**emez(er)/epeß**	jemand/etwas
	funt	Pfund
	gorni(sch)t	nichts
	itlicher/karg, knap	jeder/wenig
	moß/sejer a ßach	Maß/sehr viel

„Alle" wird mit ale, al di / al de, al doß / aldes ausgedrückt, „die meisten" mit (do)ß row.

Zeit & Datum

Wifl is/halt der sejger?
wie viel ist/hält die Uhr?
Wie spät ist es?

Woß is der zait?
was ist die Zeit?
Wie spät ist es?

Sejger wenn?
Uhr wann
Um wie viel Uhr?

wifl a sejger?	um wie viel Uhr?
genoi ejnß a sejger	exakt ein Uhr
zen minut noch ejnß	zehn Minuten nach eins
a fertl noch ejnß	Viertel nach eins
ejn (un) draißik	ein Uhr dreißig
halb noch ejnß/halb zwej	halb zwei
zwanzik minut zu zwej	zwanzig Minuten vor zwei
fufzn minut zu zwej	fünfzehn Minuten vor zwei
a fertl zu zwej	Viertel vor zwei
zweje/zwej a sejger	zwei (Uhr)

jor (s)	Jahr
choidesch/monat (beide m), Pl. **chadoschim/monatn**	Monat
woch (w)/**tog** (m), Pl. **teg**	Woche/Tag
scho/minut/ßekunde (alle w)	Stunde/Minute/Sekunde
ere, tkufe (beide m)	Ära
dor (m), Pl. **doires**	Generation
sman, (m) Pl. **smanim**	Zeitspanne, Semester

zait (w)/**friling** (m), **weßne** (m)	Jahreszeit/Frühling
sumer (m)/**cheschwn-sumer** (m)	Sommer/Altweibersommer
harbßt (m), **oßjen** (m)/**winter** (m)	Herbst/Winter

wenn?	wann?
baitog(ik)/bainacht(ik)	tags/nachts
fartog, inderfri	morgens
farnacht, oif der nacht	abends
baginen, mitn tog glaich, kajor	Tagesanbruch, Morgendämmerung
farmitog/nochmitog/ovent	Vormittag/Nachmittag/Abend
mitog, halber tog/halbenacht	Mittag/Mitternacht
bejnaschmoscheß (s)	Dämmerung
haind/haintike zait	heute/heutzutage
morgn/ibermorgn	morgen/übermorgen
nechtn/ej(er)nechtn	gestern/vorgestern
in gichl, bekorew/lehabe	bald/künftig
izt, azind, azund/anumelt	jetzt/neulich
ale mol, stendik	immer

Eine weitere Bezeichnung für den Frühling ist farpejßech *(zu Pessach).*

Die jiddischen Bezeichnungen der international üblichen Monate weichen vom Hochdeutschen nur darin ab, dass oigußt (August) gesagt wird und dass der März sowohl marz als auch merz heißt.

Der wiflter is haint?
Der wie vielte ist heute?

Mir hobn haint dem ferzetn juni.
Wir haben heute den 14. Juni.

Wenn is aier geboirn-tog?
Wann ist Ihr Geburtstag?

Ich bin geboirn geworn dem dritn mai im nainznachzikßtn jor.
Ich bin am dritten Mai 1980 geboren.

Beim Besuch jüdischer Orte steht man häufig vor dem Problem, die angegebene Jahreszahl in die allgemein übliche Datierung umzurechnen. Der hebräische Kalender zählt die Jahre von der Erschaffung der Welt an, wie sie von jüdischen Gelehrten errechnet wurden. Da nach diesem Kalender Christi Geburt, wie sie dem internationalen Kalender zugrundegelegt wird, um das Jahr 3760 stattfand, sind diese Jahre zu einer Jahreszahl des christlichen Kalenders hinzuzuzählen, um auf die Jahreszahl des hebräischen Kalenders zu kommen; bzw. es sind 3760 Jahre von der jüdischen Jahreszahl abzuziehen, um auf das internationale Jahr zu kommen. So fällt der Beginn des Jahres 2000 in das Jahr 5760 des hebräischen Kalenders.

Der hebräische Kalender (lu'ech, m), der im heutigen Judentum parallel zum christlichen Kalender (kalendar, m) weitergeführt wird, richtet sich nach dem Mond. Da der Mondmonat zwischen 29 und 30 Tagen lang ist, sind auch die Kalendermonate 29 bzw. 30 Tage lang. Und um das 354 Tage lange Mondjahr an das Sonnenjahr anzupassen, gibt es innerhalb eines 19-Jahres-Zyklus sieben Schaltjahre (iberjorn), in denen der Schaltmonat oder zwej eingefügt wird.

In der folgenden Tabelle ist neben der jiddischen und der hebräischen Bezeichnung angegeben, in welchem internationalen Monat der jeweilige hebräische Monat ungefähr liegt.

jiddisch	hebräisch	ca. Zeit
tischre	Tischri	September-Oktober
cheschwn	Cheschwan	Oktober-November
kißlew	Kislew	November-Dezember
tejweß	Tebeth	Dezember-Januar
schwat	Schebat	Januar-Februar
oder	Adar	Februar-März
oder zwej	Adar II	März (Schaltmonat)
nißn	Nissan	März-April
ijer	Ijar	April-Mai
ßiwn	Siwan	Mai-Juni
tames	Tammuz	Juni-Juli
ow	Ab	Juli-August
elel	Elul	August-September

In einem Schaltjahr werden der Monat Adar und der folgende Schaltmonat auch nach den hebräischen Buchstaben als oder alef und oder bejß benannt; ferner trägt der Schaltmonat die Bezeichnung wejoder (und-Adar). Alle Monatsnamen (internationale wie jiddische/hebräische) sowie die Namen der Wochentage und die Bezeichnungen der Jahreszeiten sind männlich.

Der Tag beginnt mit Sonnenuntergang und er endet mit Sonnenuntergang, nach dem Bibelwort: „(...) Da ward aus Abend und Morgen der erste Tag." (1. Mose 1, 5).

Auch nach der Bibel endet die Woche mit dem schabeß, dem siebenten Tag. Die Bezeichnungen der anderen Tage stammen jedoch aus dem Deutschen:

suntik	Sonntag
montik	Montag
dinßtik	Dienstag
mitwoch	Mittwoch
donersch'tik	Donnerstag
fraitik	Freitag
schabeß	Sonnabend/Samstag

mit a choidesch zurik
mit einem Monat zurück
vor einem Monat

mit finef jorn zurik
mit fünf Jahren zurück
vor fünf Jahren

ober un wider
aber und wieder
immer wieder

in a woch arum
in einer Woche herum
in/nach einer Woche

in fir minut* arum
in vier Minuten herum
in/nach vier Minuten

**Nach einem Zahlwort wird nicht die Mehrzahl* (minutn) *benutzt, sondern die Singularform.*

ejder wos un wenn
ehe was und wann
ehe man sich versieht

in meschech fun
in Dauer von
während

Feiertage

Im jüdischen Leben spielen die Feiertage eine wichtige Rolle. Es gibt biblische und traditionelle Feste; erstere sind heilig und oftmals mit dem Verbot der Arbeit verbunden. Jeder siebte Tag, der schabeß (Schabbat/Sabbat), ist feierlich zu begehen. Von Freitagabend bis

Samstagabend soll geruht werden; auch Feuermachen ist verboten. Die hohen Jahresfeste sind (3. Mose 23):

pejßech	Pessach/Passah 15. - 21. Nissan
schwu'eß	Schawuot, Wochenfest 6. Siwan
roscheschone	Rosch HaSchana, Neujahr 1. Tischri
jom kiper	Jom Kippur, Versöhnungstag 10. Tischri
ßukeß	Sukkot, Laubhüttenfest 5. - 22. Tischri

Die eintägigen Feste sowie der erste und letzte Tag der längeren Feste sind hohe Feiertage, an denen das Versammlungsgebot mit Gottesdiensten befolgt wird. Außerhalb Israels wird an Pessach und Schawuot noch ein weiterer Tag angehängt. Um Ihren Gastgebern keine Probleme zu bereiten, beachten Sie bitte speziell zu Pessach die Speisevorschriften. Die zehn Bußtage vom 1. - 10. Tischri werden mit dem Blasen des schoifer (Schofar, Widderhorn) eingeleitet. Wenn Sie Jom Kippur in Israel verbringen, seien Sie darauf gefasst, dass Geschäfte und Restaurants geschlossen sind und jeglicher Verkehr ruht. Das Land darf nicht einmal überflogen werden. Der Tag wird streng beachtet, um die Sündenvergebung zu erlangen (3. Mose 16). Zu den kleineren Festen zählen:

vgl. Kapitel „Essen & Trinken“

ßimche toire	(Simchat Thora, Thora-Freude) 23. Tischri, der Tag, an dem die Lesung der Thora beendet ist und man wieder von vorn anfängt
tische bow	(Tischa beAw, 9. Aw), ein Fasttag, an dem der Zerstörung des Tempels gedacht wird.

Chanukki'e, 9-armiger Chanukka-Leuchter

Weitere traditionelle Feste sind:

chanike	(Chanukka), das achttägige Lichterfest (25. Kislew -2. Tebet) und das Freudenfest zur Errettung des Volkes (s. Esther)
purim	(hier stimmt die jiddische Aussprache ausnahmsweise mit der hebräischen und der hochdeutschen überein) am 14. Adar (im Schaltjahr: Adar II).

hebräische Bibel auf **Taleß** (Tallith, Gebetstuch)

Religion

Im Jiddischen haben „jüdisch“ und „jiddisch“ dieselbe Bezeichnung. Religion ist das zentrale Moment jüdischen Lebens. Ohne sie gäbe es wohl keine jiddischen Sprachgemeinschaften, zumal Kultur und Sprache eng verbunden sind. Es ist deshalb nicht verwunderlich, dass die Gottesbezeichnung eine Sonderstelle in der Sprache einnimmt. Seien Sie hier in Gesprächen besonders rücksichtsvoll: Der in hebräischen Texten geschriebene Gottesname darf nicht ausgesprochen werden! Wo er auftaucht, wird Adonai (Herr) gelesen. Auch wenn lateinische Buchstaben verwandt werden, ist man häufig darauf bedacht, keinen Fehler zu machen und schreibt bewusst unvollständig: G'tt. Bei diesem Respekt gibt es im Jiddischen entsprechend viele Umschreibungen wie z. B. sain liber nomen (sein lieber Name), Almechtiker (Allmächtiger) oder Baschefer (Erschaffer, Schöpfer).

Das Judentum kann ohne die Bibel nicht verstanden werden. Wenn Sie also Einblick in die religiöse Grundlage haben möchten, so erhalten Sie ihn dort. Jüdischer Glaube ist geprägt von der Sicht einer selbstverständlichen Heiligkeit. Nicht zuletzt das bedingungslose Festhalten an der Religion, angefangen mit der Zeitrechnung, die bei der Erschaffung der Welt einsetzt, über die Beachtung der Nahrungsgebote bis zur strikten Einhaltung der Ruhetage hat im Verlauf der Geschichte immer wieder zu Hassausbrüchen der Umgebung geführt. Auch heute stagniert die Akzeptanz oft im Bereich von Lippenbekenntnissen. Versuchen Sie sich als Gast in dieser Kultur klarzumachen, wie schwer es ist, die Religion zu praktizieren, während die „aufgeklärte" Gesellschaft dies wie eine Zwangsneurose betrachtet. Wer z. B. Freitagabend eine Arbeit abbricht, weil der Schabbat beginnt, oder auf einer Feier die schweinshaltigen Speisen ablehnt, kann nicht immer Verständnis von seinen Mitmenschen erwarten. Jüdischer Glaube hat in unserer ach so toleranten Gesellschaft mit ihrer Religionsfreiheit nach allem, was passiert ist, immer noch einen schweren Stand. Offene Gespräche können Sie nur erwarten, wo Verständnis die Grundlage bildet. Wenn Sie Respekt vor dem Respekt vor Gott aufbringen und Ihre Gespräche sensibel führen, wird sich Ihnen eine höchst interessante Welt auftun.

Neben der Heiligen Schrift gibt es den Talmud oder genauer die beiden Talmudim (Jarusalmi, in Jerusalem entstanden, und den umfangreicheren Babli, im Exil entstanden). Hier fanden die Auslegungsdiskussionen ihren Niederschlag. Auch heute werden religiöse Entscheidungen weiterhin von den Rabbinaten getroffen. Diesen nachbiblischen Instanzen wird mindestens soviel Autorität (wenn nicht noch mehr) eingeräumt wie der

Bibel selbst. Allerdings gibt es auch israelitische Glaubensgemeinschaften, die den Talmud nicht akzeptieren, wie etwa die Karäer. Das israelische Oberrabbinat andererseits stellt das Judentum derjenigen in Frage, die den aktuell als gültig erklärten Ritus nicht befolgen (und etwa eine Orgel im Gottesdienst einsetzen). Bereits die Definition, wer Jude sei, wird von rabbinischer Seite enger gefasst als es im Alten Testament geschieht. Denn dort sind die Israeliten misera awrom jizchok weja'akow, Nachkommen Abrahams, Isaaks und Jakobs. In der heute üblichen Dogmatik hingegen ist nur derjenige Jude, dessen Mutter Jüdin ist – eine Praxis, die vermutlich auf die Zeit der Kreuzzüge zurückgeht. Allerdings ist diese Regelung von einer einschließenden zu einer ausschließenden gewandelt. Da die Hälfte der aus Mischehen stammenden Kinder damit aus der Religionsgemeinschaft ausgeschlossen werden, gibt es viele Betroffene, die allenfalls über eine formale Konversion eine Aufnahme erwirken können – ein schwieriger und langwieriger Weg, den zu beschreiten viele nicht einsehen. Auch in der jiddischen Literatur können Sie kritische Anspielungen zu diesem Problem finden – schauen Sie sich mal einige Gedichte Itzik Mangers an.

Im Ostjudentum hatten sich zwei Schwerpunkte herausgebildet: Im Baltikum das eher dogmatische Judentum der Litwakn, dessen Schwerpunkt in Wilne (Vilnius) lag, und als Gegengewicht der weiter südlich beheimatete

Chassidismus, in dem auf die Wichtigkeit der Nächstenliebe und der Freude hingewiesen wird. Nachdem in der Shoah ein großer Teil der osteuropäischen Juden ermordet war, herrschte dort für einige Jahrzehnte der Kommunismus, und das Ostjudentum lebte vornehmlich in anderen Ländern – in Amerika, in Israel – weiter. Dort lassen sich die beiden früheren Ausprägungen nicht mehr regional und auch praktisch nicht mehr im öffentlichen Erscheinungsbild unterscheiden. Die Leute, die jetzt die oftmals museal wirkende Tracht anlegen, grenzen sich eher von denen ab, die grundsätzlich weniger Gewicht auf die Dogmatik legen und modern leben. Aber auch eine solche Zweiteilung wäre zu einfach. Es gibt, besonders in Amerika, viele Reformgemeinden, die einige der starren Riten abgeschafft haben. Auch schließen z. B. mehr als die Hälfte aller jüdischen US-Bürger die Ehe mittlerweile mit einem nichtjüdischen Partner. So kommt es auch zu einem ökumenischeren Religionsverständnis: Inzwischen gibt es – in Osteuropa, Amerika und Israel – nicht wenige messianische Juden und Gemeinden, die in dem Rabbi Jeschua (Jesus) den Meschiach (Messias) sehen, ohne dadurch das Judentum aufzugeben. Vielmehr weisen sie im interreligiösen Dialog auf die jüdischen Wurzeln des Christentums hin.

Der jüdische Alltag ist, wo der Religion entsprechende Bedeutung beigemessen wird, von der Einhaltung der Gebetsvorschriften bestimmt. Der Tag wird mit dem Morgengebet, dem schachreß begonnen. Es folgen weitere Gebete bis zum Nachtgebet. Diese Gebete werden meist auswendig leise gesagt oder aus dem ßider, dem Gebetsbuch, abgelesen. Im Gegensatz zum Christentum ist selbstständiges Beten, d. h. mit eigenen Worten, weniger anzutreffen. Viele der Betenden wiegen sich rhythmisch, weil die Forderung, Gott mit aller Kraft anzubeten, nach ihrer Übersetzung „mit allen Knochen" bedeutet. Zum Gebet wird in der Regel der taleß (der Tallith, das Gebetstuch) getragen. Eine Kopfbedeckung ist Pflicht, üblicherweise ist dies das kapl (die Kippa, das Käppchen).

So sollten Sie keinesfalls als Mann mit unbedecktem Kopf eine Synagoge betreten. Als Frau müssen Sie, sofern die Tradition eingehalten wird, während des Gottesdienstes auf der Galerie oder zumindest in einer eigenen, von den Männern getrennten Abteilung sitzen. Frauen tragen weder Tallith noch Kippa (einzelne Ausnahmen gibt es in Reformgemeinden). Auch von vielen weiteren religiösen Vorschriften sind Frauen ausgenommen. Aber drängen Sie einer Jüdin keinen Händedruck und auch sonst keine Berührung auf, es sei denn, sie geht auf Sie zu, und nehmen Sie nur Platz, wenn er Ihnen angeboten wird. Denn falls sie gerade ihre Menstruation hat, befindet sie sich (ebenso wie alles, worauf sie gesessen oder gelegen hat) im Zustand der Unreinheit, der nach Ablauf von sieben Tagen mit der Mikwe, dem rituellen Bad (hierher stammt die christliche Taufe), beendet wird. Als Frau verstehen Sie daher bitte auch, wenn Juden Ihnen zunächst zögerlich begegnen. Auch Männer können körperlich unrein werden, hier gelten dann entsprechende Regelungen.

Lesen Sie hierzu 3. Mose, Kap. 15.

	alia machn	ins Gelobte Land auswandern
	bentschn	segnen
	briß, m	Beschneidungsfeier
	chet, m; Pl. **chato'im**	Sünde
	chored, m; **charejdim**	streng gläubiger Jude
	choßed, Pl. **chßidim**	Chassid
abwertend	**daitschun**	deutscher Jude
	dawenen	beten
	drosche, w	Predigt
	emeße welt, w	die künftige Welt
	gan-ejdn, m	Paradies
	gehenem, s	Hölle
	gemore, w	Talmud(text)
	ge'ule, w	Ankunft des Messias, Erlösung
	goi/goje, Pl. **gojim**	Nichtjude/Nichtjüdin
	halacha/haloche, w	den relig. Vorschriften entsprechender Lebenswandel
	kidesch, m	Feiertags-Dankgebet vor dem Essen
	kippa, w	Käppchen
	kloißter, s	Kloster

kojen	Angehöriger der Priestersippe	
machser m, Pl. **machsoirim**	Gebetsbuch für Festtage	
malech m	Engel	
mechaje-mejsim	Auferstehung der Toten	
menoire w	siebenarmiger Leuchter	
meschiach m	Messias	
meschumed/-eßte	getaufte/r Jude/Jüdin	
mesuse w	Denkzettel-Behälter am Türpfosten	
mikwe w	rituelles Bad	
mile w	Beschneidung	*bei Unreinheit*
mußulman	Moslem	
nefesch s, Pl. **nefascheß**	Seele	
nejder m, Pl. **nedorim**	Gelübde	
novi, Pl. **nevim**	Prophet	
oißlejser m; **gojel** m	Erlöser	
orl/erl m, Pl. **arelim**	Unbeschnittener, Nichtjude	*abwertend*
pejeß w Pl.	Schläfenlocken	
pejresch m, Pl. **pejruschim**	religiöse Auslegung eines Textes	
plischti/-m; kreti/-m	Philister/Palästinenser	*Singular/Plural*
poipß	Papst	
poßel	unrein	
rebe m, Pl. **rebejm/rebeß**	Rabbi (chassid.), jüd. Lehrer	
row m, Pl. **rabonim**	Rabbi	
schaitl m/s, Pl. **schaitlen**	jüd. Frauenperücke zur Kopfbedeckung	
schejgetß, Pl. **schkozim**	nichtjüd. Junge	*abwertend*

schickß(e)	nichtjüdisches Mädchen
schul w	Synagoge
sindiker	Sünder
straiml s, Pl. **straimlen**	festliche Pelzmütze
ßider, m; Pl. **ßidurim**	Gebetsbuch
taiwl, m	Teufel
taleß, m	Gebetstuch
talmed	(Talmud-)Schüler
tfiln, m, Pl.	Gebetsriemen
trejfe	unrein (bes. Nahrung)
zadek, m	frommer Jude
zejlemen	sich bekreuzigen

Die Mehrzahl von jid *(Jude),* jidn, *ist ohne Artikel zu benutzen. In den Fällen, wo alle Beteiligten jüdisch sind, hat* jidn *auch die Bedeutung von „Leute".*

Die feierliche Einführung des 13-jährigen Jungen in die Gemeinde heißt bar-mizwe. Für Mädchen wurde diese Zeremonie, die dann baß-mizwe heißt, erst im 20. Jahrhundert eingerichtet.

Wenn Sie erst einmal bakantschaft (Bekanntschaft) geschlossen haben, wird das Thema Sprache sicherlich sehr ergiebig sein, und Sie können sich vieles gegenseitig oißtaitschn (erläutern). Von Ihrem jiddischsprachigen Gesprächspartner wird dann viel Interessantes zu seiner mameloschn (Muttersprache) zu erfahren sein.

Es kommt bei den Gastgebern gut an, wenn Sie für solche Gelegenheiten matone *(Geschenke) als kleine Geste der Aufmerksamkeit dabei haben.*

Vielleicht werden Sie auch als oirech (Gast) oder, wenn Sie nicht allein reisen, als orchim (Gäste) eingeladen. Solche Einladungen auszusprechen, ist besonders nach dem Gottesdienst am Schabbat üblich.

Begrüßen & Verabschieden

Die höfliche Anrede erfolgt im Jiddischen nicht in der 3., sondern in der 2. Person der Mehrzahl:

ir	Sie
aich	Ihnen
aier (bagaj)	Ihr (Gepäck)

Erst bei näherer Vertrautheit kann, wie im Hochdeutschen, zur 2. Person der Einzahl gewechselt werden.

Mit einem Smartphone können Sie sich die mit einem 👂 gekennzeichneten Sätze dieses Kapitels anhören. Scannen Sie einfach den QR-Code mit Hilfe einer kostenlosen App (z. B. „Barcoo" oder „Scanlife").

👂 **A gutn morgn!**
einen guten Morgen
Guten Morgen!

👂 **A gutn tog!**
einen guten Tag
Guten Tag!

👂 **A gutn ownt!**
einen guten Abend
Guten Abend!

👂 **A gute nacht!**
eine gute Nacht
Gute Nacht!

Für diese verschiedenen Grüße gibt es auch einen allgemeinen Gruß, der rund um die Uhr – zur Begrüßung wie zur Verabschiedung – gesagt werden kann: A gut jor! (Ein gutes Jahr!)

Freitags und samstags (diese Bezeichnung ist übrigens aus „Sabbat" entstanden) gehört es zum guten Ton, dass man sich gut schabeß (guten Sabbat) wünscht.

Dieser Gruß beschließt auch den Freitagabend-Gottesdienst. Geht man am Samstag auseinander, so wünscht man sich zusätzlich a gute woch *(eine gute Woche).*

begrüßen/ empfangen	**bagrißn/ gebn scholem**
einladen	**farbetn**
Empfang	**kaboleß-ponim**, m/s
Geschenk	**geschank**
Willkommen!	**barúch habá!**
willkommen heißen	**mekabl (ponem) sain**
Abschied	**gesegenung**
(sich) verabschieden	**gesegnen sich**

Der hebräische Willkommensgruß baruch haba *ist in Israel und teilweise in Amerika üblich, in Osteuropa weniger.*

Hier gebraucht man den ebenfalls aus dem Hebräischen stammenden Gruß Scholem aléjchem! (Friede mit Euch!). Die Antwort hierauf lautet: Alejchem schólem!

Eine herzliche Anredeform besteht darin, dass ein (e)nju an das Hauptwort angehängt wird:

mumenju!	liebe Tante!
sunenju!	lieber Sohn!

Ebenfalls in liebevollen Anreden kann -lebn („-Leben") angehängt werden:

Sie drücken damit aus, dass Ihnen die oder der Angeredete lieb wie das Leben ist. In verstärkter Form können Sie -nju lebn *anhängen.*

mame-lebn
Mutter-Leben
liebe Mutter

tate-lebn
Vater-Leben
lieber Vater

Sol aich got schoimer un mazil sain!
möge Euch Gott Hüter und Retter sein
Sei/d gesegnet!

A broche oif aich!
ein Segen auf euch
Sei/d gesegnet!

Sai mazli'ech!
sei erfolgreich
Viel Erfolg!

Beim Abschied sagt man Leb gesunt! bzw. kann man heute noch Reste des Westjiddischen hören (z. B. bei niederschlesischen Sprechern):

Laab gesunt!
leb gesund
Lebewohl!

Sai/t gesunt!
sei/d gesund
Leb/t wohl!

Lomir sich bagegenen oif ßimcheß.
lass/t uns sich begegnen auf Freuden
Mögen wir uns bei frohen Gelegenheiten wiedersehen.

Lang lebn solt ir!
Langes Leben!

A gesunt in dir!
Bleib gesund!

Masel tow!
Glück gut
Glückwunsch!

Außerdem können Sie zum Verabschieden dieselben Wörter benutzen wie bei der Begrüßung (s. o.). Ein saloppes „ciao!" oder „tschüss!" kennt das Jiddische nicht. Es würde leicht als Oberflächlichkeit, als herzlose Distanz gedeutet. Zu allen Gelegenheiten können Sie auch den hebräischen Gruß schalom! (Friede) verwenden.

Das erste Gespräch

Mit einem Smartphone können Sie sich die mit einem 👂 gekennzeichneten Sätze dieses Kapitels anhören.

Wer ein Gespräch anfangen will, kann sagen: Woß hert sich? (Was hört sich?). Die übliche Antwort darauf lautet zunächst: Woß sol sich hern? (Was soll sich hören?), was aber nicht als abweisend zu verstehen ist; vielmehr ist dies die Gelegenheit, sich Zeit für eine Plauderei zu nehmen.

Lomir sich bakenen!
lass(t)/lassen Sie uns bekanntwerden
Machen wir uns miteinander bekannt!

Wi hejßt ir?
wie heißt Ihr
Wie heißen Sie?

Ich hejß ...
ich heiße ...
Ich heiße ...

Wi is doß gesunt?
wie ist das Befinden
Wie geht es Ihnen?

Oißgezejchnt.
ausgezeichnet
Ausgezeichnet.

Nischkosche.
gedrückt
Es geht.

ßis kalt oifn harzn.
's-ist kalt auf'm Herzen
Ich fühle mich (psychisch) nicht gut.

Wi alt sait/sent ir?
wie alt seid Ihr
Wie alt sind Sie?

Ich bin ...
ich bin ...
Ich bin ...

Zu einem Mann:

Sait ir bawaibt?
seid Ihr beweibt
Sind Sie verheiratet?

Ich bin frailejdik.
ich bin freiledig
Ich bin ledig.

Hot ir nochwukß?
habt Ihr Nachwuchs
Haben Sie Kinder?

Izt, woß tut ir?
jetzt was tut Ihr
Was machen Sie gerade?

Zu einer Frau:

Sait ir bamant?
seid Ihr bemannt
Sind Sie verheiratet?

Chaßene gehat.
Hochzeit gehabt
Ich bin verheiratet.

Mir hobn a jingl/a mejdl/... kinder(lech).
Wir haben einen Jungen/ein Mädchen/... (kleine) Kinder.

Wu woint ir?
wo wohnt Ihr
Wo wohnen Sie?

Möglicherweise werden Sie gefragt, aus welchem Land Sie stammen oder woher Sie auf Ihrer Reise gerade kommen:

Fun wanet sait/kimt ir?
von wo seid/kommt Ihr
Woher sind/kommen Sie?

Anstatt wanet *ist auch die Form* wanen *in Gebrauch (als Gegenstück zu* danen, *vgl. hochdt. „von dannen“).*

Wuhin gejt ir azint?
Wohin gehen Sie jetzt?

Ich gej zu der achßanje.
Ich gehe zur Herberge.

Mir forn ahejm.
Wir fahren nach Hause.

Mir forn kejn lite.
Wir fahren nach Litauen.

diskutirn

Die weiblichen Berufsbezeichnungen werden in der Regel gebildet, indem -in, *im slawischen Umfeld* -ke *und in der lockeren Umgangssprache* -sche *angehängt werden.*

A wakanzije?
ein Urlaub
Auf Urlaub?

Kein wakanzije nischt, mir forn arbetn.
kein Urlaub nicht wir fahren arbeiten
Nicht auf Urlaub, sondern dienstlich.

Was sind Sie von Beruf? Ich bin ...	**Woß is aier fach?** **Ich bin ...**
Angestellte/Arbeiter(in)	**ongestelte(r)/arbeter, arbetorin**
Bauer/Beamte(r)	**poier** (Pl. **poirim**)/**ba'amte(r)**
Fleischer	**kazef**
Friseur/Gärtner	**parikmacher, scherer, frisirer/gertner**
Kaufmann/Kellner	**ßoicher/ßarwer**
Klempner/Ladenbesitzer	**blecher/kremer**
Lehrer/Maler	**lerer/farber**
Maurer/Meister	**moi'erer/mejnßter**
Reiseleiter/Schriftsteller	**wegwaiser/schraiber**
Sekretär(in)/Soldat	**ßekretar(-in/-ke/-sche)/selner**
Steward(ess)/Student	**ßtu'erd(ke)/ßtudent**

Auch über das Wetter kommt man leicht ins Gespräch – eine ideale Gelegenheit, Konversation zu üben.

Wi is eß in droißn?
wie ist es im draußen
Wie ist das Wetter?

Der himl is a bejser.
der Himmel ist ein böser
Es sieht bedrohlich aus.

Nischkoschedik.
gedrückt-lich
Erträglich.

Worem un sunik.
warm und sonnig
Warm und sonnig.

Izt waisen sich stiklech wolkn oifn himl.
jetzt zeigen sich Stückchen Wolken aufm Himmel
Es ziehen einige Wolken auf.

bewölkt/Donner/ donnern	**farwolknt/duner,** m/ **dunern**
Gewitter/Hagel/ hageln	**geduner,** s/**hogl,** m/ **hoglen**
Nässe/Nebel	**nez,** w/**tuman,** m
regnen (leicht/heftig)	**sprejen/chljapen**
regnerisch/Schauer	**regndik/ßchum regn,** m
Schlamm/schlammig	**blote,** w/**blotik**
Schnee/Schneesturm	**schnej,** m/**saweruche,** s
Sonne/sonnig	**sun,** w/**sunik**
Sprühregen	**regndl,** s; **sprejregn,** m
Tau/trocken	**roße,** w; **toi,** m/**trukn**
vereist/warm	**faraisikt/warem**
wehen/Wetter	**blosn/weter,** m

Ein anderes beliebtes Gesprächsthema, das die Kontakte vertiefen hilft, sind die Verwandtschaftsbeziehungen.

	Verwandtschaft	kroiweschaft
	Angeheiratete(r)	**mechutn/ mechuteneßte** (m/w)
	Baby	**ejfele,** s
	Braut/Bräutigam	**kale/chosen**
gehoben: eltern	Eltern	**tate-mame**
	Enkel	**ejnikl,** s
	Familie	**mischpoch,** w
	Freundin	**moid,** w
	Großeltern	**sejde-bobe**
	Großmutter/-vater	**bobe/sejde**
	Junge	**jingl,** m/s;
	(kl.)	**jingele,** s; **boitschik,** m
	Mädchen	**mejdl** (Pl. **mejdlech**);
	(kl.)	**mejdele,** w
gehoben: muter	Mama/Mutter	**maminke/mame**
	Neffe/Nichte	**plimenik/plimenize**
	Oma/Opa	**bobinke/sejdinke**
	Papa	**tatinke**
	Schwager/ Schwägerin	**schwoger/ schwegerin**
	Schwiegermutter/ -vater	**schwiger/ schwer**
	Schwiegersohn/ -tochter	**ejdem/schnur** (Pl. **schnir/schnurn**)
	Sohn	**sun** (Pl. **sin**)
	Tante	**mume**
gehoben: foter	Vater	**tate**
	verlobt	**farknaßt**
	Verwandter	**ejgener; korew**
	Vorfahr	**foroißgejer/firgejer,** m
	Waise (m/w)	**joßem,** m; **jeßoime,** w

Hier noch einige Vokabeln zu einem Thema, auf das Sie vermutlich auch in einem längeren Gespräch kommen werden:

Flüchtling	**polet,** m; Pl. **plejtim**
Holocaust	**churbn,** m/**katastrof,** w/ **ola,** w /**oile,** w/ **scho'e,** w/**umkum,** m
Konzentrationslager	**kazet,** m; **konzentrazi'e lager,** m
Nazis	**nazißtn**
Überlebende(r)	**lebn geblibne(r)**

Um Missverständnisse zu vermeiden, sei darauf hingewiesen, dass iberlebn *auch „erleben" oder „sich aufregen" bedeutet. Es könnte also zu Verwechslungen mit dem hochdeutschen Wort „überleben" kommen.*

Unterwegs

Das Trampen ist von allen Fortbewegungsarten diejenige, bei der man am besten mit der anderen Kultur in Kontakt kommt. Die Gespräche sind meist viel intensiver als in öffentlichen Verkehrsmitteln, und nicht selten wird man eingeladen oder schließt Bekanntschaften. Natürlich gelten überall die üblichen Vorsichtsregeln – besonders für Frauen – zu wem man einsteigt, in welcher Situation man sich vorn oder hinten hinsetzen sollte etc.

Mit einem Smartphone können Sie sich die mit einem gekennzeichneten Sätze dieses Kapitels anhören.

fliegen	**fli'en (mitn fliwarg)**
hinfliegen	**farfli'en**
hinfahren	**farforn**
mit dem Schiff fahren	**forn mit der schif**
mit dem Zug fahren	**forn mit der (aisn)ban**
zu Fuß	**gejendik**
mit einem Transportmittel	**forndik**

mitforn bechinem
mitfahren zu-umsonst
trampen

betn a neßi'e (oifn weg)
bitten eine Reise (auf-dem Weg)
per Anhalter fahren

Zi ir kent mir derwaisn dem derech/weg?
ob Ihr könnt mir zeigen den Weg
Können Sie mir den Weg erklären?

Ich wil gejn ...		Ich will ... gehen.
- kejn ...	nach ...	(Land, Stadt)
- noch ...	nach ...	(um etwas zu holen)
- zu ...	zu ...	(bestimmte/s Person/ Objekt)

geradeaus	**glaich**
nach links	**oif linkß**
hinauf	**aroif**
zurück	**zurik**
nach rechts	**oif rechtß**
hinunter	**arop**

Wu fort op der oitobuß kejn ...?
wo fährt ab der Bus gen ...
Wo fährt der Bus nach ... ab?

Der dosiker oitobuß fort kejn ...?
dieser Bus fährt gen ...
Ist das der Bus nach ...?

Mir darfn/ich darf ibersezn sich?
wir müssen/ich muss umsteigen
Müssen wir/muss ich umsteigen?

Wenn Sie wissen wollen, wie weit es noch zu einem bestimmten Ziel ist, fragen Sie: Eß is noch wait bis ...?

Auch wollen die gehetzten Menschen der Industriekultur ihre Zeit genau verplanen. Wenngleich dies für viele andere eher wie eine merkwürdige Angewohnheit erscheint, können Sie vorsichtig versuchen, etwas über die Fahrzeit zu erfahren, die Sie noch einzukalkulieren haben: Wifl zait darf men noch forn? (*wie viel Zeit braucht man noch fahren*). Planen Sie aber bitte auch hier genug Zeit mit ein – für ein Gespräch, für mehr als ein Lächeln, für das Hören und für das Erzählen.

Dann die Sehenswürdigkeiten. Besonders in Osteuropa darf man kaum damit rechnen, dass nachvollziehbar ist, sie „abhaken“, also schnell gemäß der touristischen Pflicht konsumieren zu wollen. Probieren Sie es mit der zaghaften Frage:

Sie können erwarten, dass Ihnen auf diese Frage nicht mit ja/nein geantwortet wird, sondern dass man Ihnen Näheres zu der Entfernung, zum Weg und zu Dingen, die dabei zu beachten sind, erläutert.

Seien Sie offen für die persönliche Meinung ihres Gesprächspartners. Wenn es seiner Meinung nach Sehenswertes gibt, wird er es Ihnen schon sagen. Wenn nicht, dürfen Sie ebenfalls mit einer Begründung rechnen.

Dortn wet sain interessant?
dort wird sein interessant
Gibt es dort interessante Sehenswürdigkeiten?

Selbstverständlicher ist es allerdings, wenn Sie bei einem öffentlichen Verkehrsmittel die Abfahrtszeit erfragen:

Wenn forn mir aroiß?
wann fahren wir heraus
Wann fahren wir ab?

Damit Sie Ihr Ziel nicht verpassen, können Sie den Busfahrer, den Schaffner oder einen Mitreisenden bitten:

Sogt mir bite, wenn ich darf aroißgejn.
sagt mit bitte, wann ich muss herausgehen
Sagen Sie mir bitte Bescheid, wenn ich aussteigen muss.

Taxi! - Ich wil forn zu ...
Taxi - ich will fahren zu
Taxi! - Fahren Sie mich nach/zu ...

Sait asoi gut, ir darft opsteln sich do.
seid so gut, Ihr sollt anhalten hier
Halten Sie bitte hier.

Mir senen do.
wir sind da
Wir sind da.

Wu gefint men di noentßte garaj / oitowarstat?
wo findet man die nächste Garage/Autowerkstatt
Wo ist die nächste Werkstatt?

Konßtu/kent ir mir/unds helfn?
Kannst du/können Sie mir/uns helfen?

Gißt arain ... Liter.
gießt herein ... Liter
Füllen Sie bitte ... Liter ein.

tanken/ganz voll	**onfiln/farful**
aufpumpen/ reparieren	**onpompen/ farichtn**
Inspektion	**arumkuk,** m; **durchkuk,** m

im jüdischen Viertel von Havanna, Kuba

Abfahrt	**opforn,** s
Absperrung	**opzoim,** m
anhalten	**blejbn stejn**
anschnallen	**farschnoln**
Batterie	**baterje,** w
befahrbar/ begehbar	**durchforewdik/ durchgejewdik**

Bremse	**tormas,** m
durchdrängeln, sich	**durchsparn sich**
Durchreisende(r)	**durchforer(n)**
Einbahnstraße	**hingaß,** w
Fahrrad	**rower,** m
	weloßiped, m
	bizikl, m
Gefälle	**bargaroif/bargarop,** m
gemietet	**gedungen**
geöffnet	**ge'efnt**
geschlossen	**farmacht**
Hafen	**hawn,** m
Haltestelle	**ßtanzje,** w
Kotflügel	**blote-fligl,** m
langsamer werden	**farparmelechn sich**
Park, kleiner	**ßedl,** s
Parkplatz	**stej-ort,** m
Reifen	**gumi-reif,** m
Reifenpanne	**ainstoch,** m
Reise	**arumforn,** s; **raise,** w
Sackgasse	**farhak,** m
Schaden	**hesek,** m, Pl. **hesejkeß**
spazierenfahren	**durchforn sich**
steil	**stozik**
Straßenecke	**rog,** m
Ufer	**breg,** m
umkehren	**farkärewen**
umsteigen	**ibersezn sich**
Unfall	**umglik,** s
Zentrum	**zenter,** m
Zerstörung, Trümmer	**churbn,** m Pl. **churboneß**

Unterkunft

Wo schloft dan ir?
wo schlaft denn Ihr
Wo übernachten Sie?

Ich such/mir suchn noch wi zu ibernachtn.
ich suche/wir suchen noch wie zu übernachten
Ich suche/wir suchen noch eine Unterkunft.

Mit einem Smartphone können Sie sich die mit einem gekennzeichneten Sätze dieses Kapitels anhören.

Mir wiln ainordnen sich in a panßion.
wir wollen einordnen sich in einer Pension
Wir möchten in einem Gästehaus absteigen.

Kent ir mir sogn a wolwl/laitisch hotel?
Könnt Ihr mir sagen ein billiges/angesehenes Hotel
Können Sie mir ein preiswertes/gutes Hotel empfehlen?

Zi hot ir a frajer ejnortiker/zwejortiker numer far ... teg?
ob habt Ihr eine freie ein-Platz/zwei-Platz Nummer für ... Tage
Haben Sie ein freies Einzel-/Doppelzimmer für ... Tage?

Kent ir mir/unds derwaisn dem cheder/zimer?
könnt Ihr mir/uns zeigen das Zimmer
Können Sie mir/uns das Zimmer zeigen?

Wu/wer is der bal-achßanje?
wo/wer ist der Herr-Herberge
Wo/wer ist der Herbergsvater?

Zi meg ich iberlosn die sachn bai dem oifnem?
ob darf ich zurücklassen die Sachen bei der Rezeption
Kann ich die Sachen an der Rezeption lassen?

Mir musn fun danen in a scho.
wir müssen von dannen in einer Stunde
In einer Stunde müssen wir abreisen.

Der/di/doß ... is/senen nit in ordenung.
der/die/das ... ist/sind nicht in Ordnung
Der/die/das ... funktioniert/funktionieren nicht.

... is nischto.
... ist nicht-da
Es fehlt ein(e) ...

Aufzug	**hejbmaschin,** w	Jugendherberge	**turbase,** w
Bad	**bod,** s	Kleiderbügel	**(kleider)henger,** m
Bettdecke	**koldere,** w	Laken	**lailech,** m
Dachgeschoss	**boidemstub,** w	Lampe	**lomp,** m
Doppelbett	**porfolkbet,** w	Rechnung	**cheschbon,** m
doppelt	**topl; zwejik**	Rezeption	**oifnem,** m
Dusche	**sprizbod,** w	Schlüssel	**schlißl,** m
einzeln	**basunder; einzik**	Schrank	**almer,** m
Fußboden	**podloge,** w	Seife	**seif,** w
Gasthof	**kretschme,** w	Sofa	**sofe,** w
Gebäude	**binjen,** m	Toilette	**tualet,** m
Glühbirne	**elektrisch lempl,** s	Toilettenbrille	**klosetbret,** w
Herberge	**achßanje,** w	Toilettenpapier	**ascher-jozer-papir,** s
Hütte	**chate,** w	Türklinke	**kljamke,** w
Handtuch	**hantech,** m	Wasserhahn	**kran,** s

Kultur & Sport

Wundern Sie sich nicht, wenn Ihnen erzählt wird, ein Schauspieler, Sänger o. ä. sei farschemt. Das Wort bedeutet berühmt; es kommt aus dem Hebräischen und hat nichts mit der gleichlautenden Bezeichnung für verschämt zu tun.

schäm *heißt „Name“!*

Wi ken men koifn biljetn far ...?
wie kann man kaufen Karten für
Wo gibt es Karten für ...?

Ich wil doß* plaz.
ich will das Platz
Diesen Platz bitte.

Wenn hejbt sich on?
wann hebt sich an
Wann beginnt es?

**Hier wird umgangssprachlich* doß *benutzt, um Ihr Zeigen – mit dem Finger auf den Sitzplan – zu verdeutlichen.*

Wifl wet dass* gedoiern?
wie viel wird das dauern
Wie lange dauert es?

ausgehen	**gejn farbrengen**
Drama	**drame,** w
Eintrittskarte	**bilet,** m
Garderobe	**garderob,** m
Oper	**opere,** w
Schauspieler	**aktjor,** m
Vorverkauf	**foroißiker farkoif fun biljetn**

**Im Theater, in der Oper oder sonstigem „gehobenem“ Kontext wird gern das hochdeutsche „das“ benutzt.*

Ich hob sich gehat geredlt noch do.
ich habe mich gehabt gerädelt nach hier
Ich bin mit den Rollerskates hergekommen.

Lomir sich ariberglitschn zu der anderer breg.
lass/t-uns sich herübergleiten zu dem anderen Ufer
Komm(t), wir fahren mit den Schlittschuhen zum anderen Ufer.

paren *kommt vom slawischen* para *„Dampf“.*

Freibad	**schwimbaßejn in droißn**
Hallenbad	**schwimbaßejn farmachter**
Rollerskates	**redlschich**
Schiedsrichter	**schoifet**
Schlittschuh	**glitscher,** m
Schwimmbad	**schwimbaßejn,** m
Sauna	**schwizbod,** w
in der Sauna schwitzen	**paren sich** m
Skier	**lischeß; narteß,** w. Pl.
Skilauf/skilaufen	**nartlerai,** w/**nartl(e)n**
Skiläufer(in)	**lischßnik, lischßnize; nartler(in)**
Strand	**breg,** m
Vergnügen	**fargenigen,** s
Wettbewerb	**farmeßt,** m
Zirkus	**zirk,** m
Zoo	**so'ogortn,** m

Essen & Trinken

Grundlage der jüdischen Speisevorschriften sind die biblischen Gebote, die Sie zusammengefasst im 3. Buch Mose, Kap. 11 nachlesen können.

In den Auslegungsschriften des Talmud wurde eine Reihe weiterer Regelungen aufgestellt, die in die Tradition einflossen. So wurde von dem biblischen Hinweis, dass das Böcklein nicht in der Milch seiner Mutter gekocht werden soll (2. Mose 23, 19; 5. Mose 14, 21), die Regel abgeleitet, dass generell Fleischiges und Milchiges zu trennen sei. In orthodoxen Haushalten finden Sie deshalb getrennte Kühlschränke, getrenntes Geschirr etc.

Wenn Sie also zu Gast in einem jüdischen Haushalt sind, geben Sie acht, wie die Dinge gehandhabt werden, und fragen Sie lieber einmal zu viel als zu wenig.

Kommt ein Geschirrstück mit einer Speise in Berührung, für die es nicht bestimmt ist, muss es zerbrochen werden.

flejschik	fleischig
kaschreß, s	Regelungen der Nahrung und der Zubereitung
milchik	milchig
pareve	neutral (pflanzlich; Fisch)

Beth Din heißt die Instanz, die bestimmt, was koscher (rein) ist und was nicht. Aber natürlich gibt es unterschiedliche Ansichten. Einige Juden richten sich streng nach den Talmud-

Mit einem Smartphone können Sie sich die mit einem gekennzeichneten Sätze dieses Kapitels anhören.

Durch die Vertreibung der Israeliten aus dem Heiligen Land und ihre Zerstreuung unter die Völker sind etliche unterschiedliche traditionelle Küchen entstanden. Neue Nahrungsmittel und Rezepte wurden aus dem jeweiligen kulturellen Umfeld übernommen, wobei jedoch die religiösen Gebote die Richtschnur dafür waren, ob eine Speise akzeptiert werden konnte.

regelungen, einigen genügen die biblischen Vorschriften, und anderen sind diese Dinge ziemlich egal.

Höhepunkte der jüdischen Küche sind natürlich die großen Festtage. Mit einer Ausnahme: Am Jom Kippur, dem Bußtag, sollte man eigentlich gar nichts zu sich nehmen. Jüdische Restaurants sind dann auch geschlossen. Aber ansonsten sind praktisch alle der vielen Feiertage mit bestimmten Speisen verbunden.

Jeder siebte Tag, der Schabbat, wird als Feiertag begangen. Challe ist das geflochtene Schabbatbrot. Zwar wird von Freitagabend bis Samstagabend nicht gekocht (der Tag beginnt jeweils schon am Vorabend), an anderen hohen Feiertagen auch nicht, aber ein typisches Gericht, das man lange warmhalten kann, ist der Tscholent, ein Eintopf, dessen Zusammensetzung je nach Gegend variiert. Der Name wird übrigens als Schul-End (Ende des Synagogengottesdienstes) gedeutet (andere meinen, er stamme vom französischen „chaud“, warm).

Es ist gut möglich, dass Sie als Reisender in Osteuropa auch noch die Herzlichkeit dieser Tradition erfahren können.

Früher war es üblich, nach der Synagoge Arme, Alleinstehende oder Durchreisende zum Essen einzuladen, wobei sich die Gastgeber nicht selten um die Gäste stritten (mechabed sain = bewirten).

Die Besonderheit von Pessach (ungefähr Ostern) besteht darin, dass eine Woche lang Matze gegessen wird, ungesäuertes Brot, nach dem Gebot der Thora (2. Mose 12), zur Erinnerung an den Auszug aus Ägypten.

Zwar ist die einleitende Feier am Vorabend für den engeren jüdischen Kreis bestimmt, aber die darauf folgende Pessachzeit bietet auch für Besucher Gelegenheit, die Spezialitäten, zu denen dann besonders die vielfältigen Klöße und Klößchen zählen, zu kosten.

Auf eine Sache sollten Sie zu Pessach besonders achten: Bringen Sie in diesen Tagen nichts mit Triebmittel Gebackenes (Brot, Kuchen etc.) in eine jüdische Wohnung!

Die Besonderheit von Schawuot (ungefähr Pfingsten) sind milchige Speisen. Am Neujahrsfest, Rosch ha Schanah, werden Apfelstückchen, in Honig getaucht, gegessen, und es gibt Speisen mit Karotten; Saures oder Bitteres ist dann von der Tafel verbannt, und die Challes sind ausnahmsweise rund. Die Hamantaschen, Hefeteig mit süßer Füllung, werden zu Purim gereicht, wenn in einem karnevalsmäßigen Freudenfest die Rettung vor der Vernichtung durch die Perser gefeiert wird. Sukkot, das Laubhüttenfest, geht mit Holischkes (gefülltem Kohl), Gemüsen, Früchten, Strudel und Tee einher. Während des traditionellen Lichterfestes Chanukka sind Latkes, kleine Kartoffelpfannkuchen, sehr beliebt.

Bei einer solchen kulinarischen Gelegenheit können Sie sagen:

Mir prawen di ßude.
Wir feiern das Festmahl.

Wenn Sie sich als Tourist aber noch nicht auskennen und essen gehen wollen, können Sie fragen:

Wu gefint men a reßtoran?
Wo findet man ein Restaurant
Wo gibt es ein Restaurant?

Beachten Sie bitte, dass das Restaurant im Jiddischen männlich ist: es heißt nicht doß, *sondern* der reßtoran.

Ich wil eßn. – Ich bin hungerik.
ich möchte essen – ich bin hungrig
Ich habe Hunger.

Schoin lang kejn bißn in moil nischt gehat.
schon lange keinen Bissen im Mund nicht gehabt.
Ich habe schon lange nichts mehr gegessen.

Wenn Sie Durst haben, können Sie sagen:

Ich wil trinken.	ich möchte trinken
Ich hob dorscht.	ich habe Durst
Ich darscht.	ich durste
Ich bin dorschtik.	ich bin durstig

Kent ir mir sogn a wolwl/laitisch reßtoran?
Könnt Ihr mir sagen ein billiges/angesehenes Restaurant
Können Sie mir ein preiswertes/gutes Restaurant empfehlen?

gefilte fisch

A tisch far ein leit/... leit, seit asoj gut!
Ein Tisch für ein Leut/... Leute seid so gut
Einen Tisch für eine Person/... Personen, bitte!

Is do noch frai?
Ist hier noch frei?

Mir senen in ailenisch.
Wir sind in Eile.

Brengt zu dem menju, bite!
Bringt her die Karte bitte
Die Speisekarte bitte!

Ich bet aich, brengt ...
Ich bitte Euch bringt ...
Bitte bringen Sie ...

Wos hot ir zum trinken?
was habt ihr zu trinken
Was gibt es zu trinken?

Sogt mir, wenn is ofn/farmacht?
Sagt mir, wann ist offen/zugemacht
Wann ist geöffnet/geschlossen?

Fun woß is grejt geworen der dosiker molzait?
Von was ist bereitet worden diese Mahlzeit
Woraus besteht dieses Gericht?

Sol dir woil bakumen!
soll dir wohl bekommen
Wohl bekomm's!

Doß is ibersalzn/ nit ainzubaißn/zugebrent.
Das ist versalzen/
zu zäh/angebrannt.

Ich wel/mir welen bazoln.
Ich will/wir wollen bezahlen
Die Rechnung bitte!

Doß is ni(sch)t recht.
Das ist nicht richtig
Die Rechnung stimmt nicht.

Doß is mit birgelt.
Das ist mit Biergeld
Der Rest ist für Sie.

molzeitn (Mahlzeiten)	
onbaißn; fristik	Frühstück
waremeß	Mittagessen
wetschere; weßper	Abendessen
iberbaißn; farbaißechz	Imbiss
farbaißn	Nachtisch; Knabberei

wos zum eßn (Nahrungsmittel)	
arbeß	Erbsen
bar	Birne
baschmirechz	Brotaufstrich
brojt	Brot

kartofl, bulbeß	Kartoffeln
bulion, joich	Suppe
bulke, seml	Brötchen
dinje, (arbús)	(Wasser-)Melone
epl	Apfel
farjech	Pfirsich
gebrotnß	Braten
gortnwarg, grinß	Gemüse
hindl	Huhn
honechl	Hähnchen
indik	Pute, Truthahn
jagedeß	Beeren
karschn	Kirschen
kelberns	Kalbfleisch
knejdlach	Knödel
lokschn	Nudeln
maranz	Apfelsine
mer	Möhre
ojfes	Geflügel
pejreß	Obst
pomidor	Tomate
priline(ß)	Praline(n)
putter	Butter
rindernß	Rindfleisch
schofn flejsch	Schaffleisch
schwemlech, schwomen	Pilze
ugerke	Gurke
zibele	Zwiebel
bal-ßimche	Gastgeber
bastéln	bestellen
brechen, mejken	s. übergeben
gesodn	gekocht

dinßt(mejdl)	(jg.) weibl. Bedienung
ejdl	zart, mager
fargejn	einkehren
farschickert	betrunken
fendl	kl. Bratpfanne
flasch	Flasche
fleschl	Fläschchen
flasch-efener, oifsterzler	Flaschenöffner
geschmak	lecker, schmackhaft
grepzn	rülpsen
gopl	Gabel
kaschern	Küchengerät rituell reinigen
kejle	Gefäß
kloset	Toilette
knipik	kl. Küchenmesser
koß	Becher
kretschmer	Wirt
lechaim!	Prost!
lefele	Teelöffel
lefl	Löffel
legitim, olrait	den Speisevorschriften entsprechend
meßer	Messer
nit gut sain, migl	Übelkeit
ofiziant	Kellner
peiger	zum Essen unerlaubtes Fleisch
prajen, preglen	braten

rain	Kochtopf
roi	roh
telerl	Untertasse
schenk, kretschme	Kneipe
selzerl	Salzstreuer
skowrode, fan	Bratpfanne
ßarwer (in USA)	Kellner
ßmetene	(Sauer-)Rahm
ßudewen	Gelage feiern
tam	Geschmack
tas	Tasse
trunk	Drink, Getränk
tschainik	(Tee-)Kanne

jidisch eßnwarg (traditionelle Spezialitäten)	
aingemachz	in Zucker eingelegte Früchte
blini	Buchweizen-Pfannkuchen
blinzen	Pfannkuchen
borscht	Rote-Bete-Suppe
gefilte fisch	Fischteig-Speise
golupzi	gefüllter Kohl
kasche	Getreidespeise, Brei
kichlach	Küchlein
knischeß	gefüllte Teigtäschchen
kreplach	eine Art Ravioli
kugel	Auflauf; großer (Kartoffel-/Nudel-)Kloß
lékach	Lebkuchen, Honig-Gewürz-Kuchen
pirog	gefüllter Krapfen
piroschki	gefüllte Hörnchen
roßl	Fleischsuppe
warnischkeß	Teigtaschen mit Pilz-Getreide-Füllung
zimeß	süßlicher Eintopf

Post, Ämter & Polizei

Behörden haben regional sehr unterschiedliche Bezeichnungen wie der amt, di ejberschaft (Übergeordnetes), di macht (z. B. ortike macht: Bezirksamt), doß direktorium.

nochzol, m	per Einschreiben
farschribn, m	per Nachnahme
poßtkartlech, s. Pl.	Postkarten
poßtkeßtl, s	Briefkasten
poßtmarke(ß), w	Briefmarke(n)
poßt'toib w	Brieftaube
potschtamt, poßt'optejl, m	Postamt
potschtaljon	Briefträger
poßt'optejl, m	Kurier
sch(e)li'ech, m	Bote
schlicheß, s	Botengang
waitklung, m	Ferngespräch

arainbrecher(ke)	Einbrecher(in)
chosched, m, Pl. **chschudim**	Verdächtiger
gefinß, s	Fund
genejwe, w	Diebstahl
joischer, m	Gerechtigkeit
meldung, w	Anzeige
metrike, w	Geburtsurkunde

schoimer	Wächter
scholesch	Schlichter
ßtrachirung, w, **farsicherung,** w	Versicherung
tafßn, m, Pl. **tafßonim**	Gefängniswärter
takone, w	Vorschrift
tfiße, w	Gefängnis

Zu wemen darf ich mich wenden?
An wen muss ich mich wenden?

Ich wil losn protokolirn.
ich will lassen protokollieren
Ich möchte Anzeige erstatten.

Men hot gegan(e)wet mein/e ...
man hat gestohlen mein/e ...
Man hat mir ... gestohlen.

Ich hob farlorn mainem paßport.
ich habe verloren meinen Pass
Ich habe meinen Pass verloren.

Ich bin bafaln geworn /
men hot geroibt fun mir.
ich bin überfallen worden/man hat geraubt von mir
Ich bin überfallen/beraubt worden.

Ich wil ejn exemplar fun dem protokol far maine farsicherung.
Ich brauche ein Exemplar des Protokolls für meine Versicherung.

Haben Sie eine Reiseversicherung abgeschlossen, so ist es ratsam, einen Beleg zu bekommen.

Um träge Beamte zu motivieren, ist es manchmal hilfreich, so zu tun, als sei es selbstverständlich, ihnen etwas Geld zu geben.

Wifl darf koßtn?
wie viel soll kosten
Wie hoch ist die Gebühr?

Ich wil gebn a matone.
ich will geben ein Geschenk
Ich möchte mich erkenntlich zeigen.

In schweren Fällen bleibt noch das:

Wu gefint men dem konßulat fun ...?
wo findet man das Konsulat von ...
Wo ist das ... Konsulat?

Ich wil klingen dem konßulat.
ich will anrufen das Konsulat
Ich möchte meine Botschaft anrufen.

auch: Filzung (zu durchsuch)

choißem, m	Stempel, Siegel
durchgejn dem kontrol	kontrolliert werden
durchkuk, m	Inspektion
durchlos-schain, m	Passierschein
durchmischtern	durchsuchen
durchsuch, m	Durchsuchung
ejdeß	Zeuge(n)
geschriftß, s	Schriftstück
knaß, m	Geldstrafe
pinkeß, m Pl. **pinkejßim**	Register
reschuß, m	Vollmacht, Erlaubnis (Geltungs-)Bereich

Geld & Bank

Auch wenn Sie das „Wo?“ wissen wollen, ist hier nach dem „Wie?“ zu fragen, einfach weil das (funktionsorientierte) „Wo?“ unüblich ist. Vielleicht erfahren Sie auf diese Weise noch nützliche Dinge über die Geldtauscher.

Wi ken ich iberbaitn main gelt?
wie kann ich wechseln mein Geld
Wo kann ich Geld wechseln?

Beim Bargeld gibt es genaue Unterscheidungen: Handelt es sich um ein Geldstück bzw. einen Geldschein, so kann die Einzahl-Form (doß) mesumen verwendet werden; ansonsten lautet die Mehrzahl mesumonim. Das jeweilige kleinste Geldstück ist der beschidn (von hebr. „peschut“: einfach), ebenso wie der poschet.

Sogar für die geschenkte Münze, z. B. als Trinkgeld, gibt es ein eigenes Wort, es ist die matbeje.

ich bazol bimsumen	ich zahle bar
ainkaßirn	Geld bar entgegennehmen
ßilekn	Schulden abzahlen

Aus dem Westjiddischen stammen die allgemeinen Bezeichnungen für Geld **moß**, **mo’eß** oder **mej’eß** (nicht überall üblich). Der Lebensunterhalt ist die **parnoße**, und der **rejbach** oder **re(j)wech** ist der Gewinn.

Der Ausdruck „pleite“ dürfte zwar aus dem Hebräischen über das Jiddische ins Hochdeutsche gelangt sein, aber er hat dabei seine Bedeutung so sehr gewandelt, dass Sie ihn in der Ihnen geläufigen Form nicht verwenden können. Denn plejte *ist die weibliche Form zu* polet*, Flüchtling (Pl.* plejtim*).*

Wenn unzumutbare Zahlungen von einem erwartet werden, kann man sagen:

Ich bin kain oischer nischt.
ich bin kein Reicher nicht
Ich bin kein Krösus.

kabole-zetl, m	Quittung
malwe	Geldverleiher
konte, w	Konto
rewech, m	Profit
loiwe	Schuldner
tschek, m	Scheck

Einkaufen

Wi ken ich koifn ... ?
wie kann ich kaufen ...
Wo gibt es ... zu kaufen?

Wifl koßt doß bawlene klejd?
wie viel kostet das baumwollene Kleid
Wie viel kostet das Baumwollkleid?

Wifl koßt preßn dem rok / doß halbe klejdl?
wie viel kostet bügeln den Rock / das halbe Kleidchen
Wie viel kostet es, den Rock bügeln zu lassen?

Ärmel	**arbl,** m
baumwollen	**baweln**
Bleistift	**blai(feder),** w
Bluse	**bluske,** w

Brieftasche	**taißter,** m
Friseur	**frisirer, scherer**
Gürtel	**paß,** m
Jacke	**rekl,** s
Kleidungsstück	**beged,** m
Knopf (groß)	**knop,** m
Knopf (klein)	**knepl,** s
Krawatte	**schnipß,** m
Kunde(n)	**koine (koinim)**
Liste	**reschime,** w
Pfand	**krikzol,** m
Preisliste	**praiskurant,** m
Rasierer	**goler,** m
Reinigungsmittel	**loigwarg,** s
Reißverschluss	**(bliz)schleßl,** s
Sandalen	**latschn,** m
Schal	**schalikl,** s
Schmuck	**zirung,** w
Schnäppchen	**mezi'e,** w
Schuhe	**schich,** m
Schultertuch	**schal,** m
Seife	**sejf,** w/s
Socke(n)	**ßkarpet(n),** m
Stiefel	**stiwl,** m
Stift (Schreib-)	**feder,** w
Streichhölzer	**schwebelech,** s
Süßigkeiten	**sißwarg,** s
T.-Emma-Laden	**klejt,** w; **krom,** w
Tasche (Kleid.)	**keschene,** w
Taschentuch	**nos'tichl,** s
Unterhose	**unterkleid,** s
Unterhose, lang	**gatkeß,** w. Pl.
Ware	**ßchoire,** w
Zahnbürste	**zejnberschtl,** s

Als ich in Israel von einem Kollegen namens „Schmuck" berichtete, gab es eine bemerkenswerte Reaktion meines Gesprächspartners, und ich lernte schnell, jenen Namen nur im Flüsterton und unter Vergewisserung, dass niemand anderes ihn mitbekam, auszusprechen. Vermeiden Sie es, das Wort „Schmuck" vor Jiddischsprechern zu benutzen, da es im Jiddischen ein obzönes Schimpfwort ist!

Schöne Wörter

Es gibt eine ganze Reihe von Möglichkeiten, „Liebling" zu sagen:

duschenju – harzenju – krejnele – ljuwe – siße

Etwas anspruchsvoller kann man auch, mit der gleichen Bedeutung, neschomenju lebn (Seelchen Leben) sagen. Das angehängte -nju ist eine Verkleinerungsform, wie sie z. B. auch in harzenju (Herzchen) vorkommt.

Lomir gejn tanzn!
Lass(t) uns tanzen gehen!

Lomir gejn spazirn!
Lass(t) uns spazieren gehen!

Ich hob dich lib.
Ich liebe dich.

In main harz brent a faier.
In meinem Herzen brennt ein Feuer.

benkschaft, w	Sehnsucht
chejn, m/ **chejndl**, s	Anmut/ kleine Koketterie
durchblikn sich	Blicke tauschen
gletn	streicheln

jagedeß, w. Pl.	schöne Augen
kraßawize, w; **schejnhait**	schöne Frau
kuschn	küssen
sain a porl	mit jmd. gehen
schejn/schejnkejt, w	hübsch/Schönheit
schmeichlen	lächeln
zuker-siß	zuckersüß

Bai mir bißtu schejn bedeutet nicht nur, dass man eine Person optisch schön findet. Schejn bedeutet mehr, hiermit wird Anerkennung für jemand oder etwas ausgedrückt. Die hochdeutschen Ausdrücke „ideal", „ansehnlich" oder „stattlich" gehen in diese Richtung, haben aber nicht die Gefühlswärme wie das jiddische schejn.

Verstehen Sie es nicht falsch, wenn sich jemand mit Ihnen opschmuäßn will. Er oder sie möchte Sie dann nicht abschmusen; das Wort bedeutet lediglich „verabreden", und schmuäß heißt „Unterhaltung".

Um Ihnen Enttäuschungen zu ersparen, sei hier gleich klar gesagt: In traditionellen jiddischen Gesellschaften haben Sie als Außenstehende(r), zumal wenn Sie nichtjüdisch sind, kaum eine Chance „anzubändeln". Beziehungen werden meist zwischen den beteiligten Familien ausgehandelt. Außereheliche Intimitäten sind tabu, und selbst in der Ehe sind diese Dinge strengen Regelungen unterworfen.

Schimpfwörter

Als deutscher Gast in der jiddischen Kultur sind Sie gut beraten, zurückhaltend zu sein. Gleichwohl sollten Sie verstehen können, was gesagt wird, sollten Ihnen einmal Kraftausdrücke zu Ohren kommen.

silsulim	Beschimpfungen		
boßjak	Vagabund	**oißwurf**	Abschaum
chamer	Esel	**parschiwez**	mieser Typ
jungatsch	Bengel	**partatsch**	Stümper
julik	Gauner	**paßkudniak**	Schurke
hultai	Wüstling	**pefer**	Schlafmütze
hultaike	liederliches Weib	**redl**	Gesindel
hultaisch	ausschweifend	**schakren**	Lügner
hultajewen	liederlich leben	**schlumperiche**	Schlampe
kamzn	Geizhals	**schoite**	Dummkopf
laidak	Herumtreiber(in)	**ßmorkatsch**	Rotznase
ligneruk	elender Lügner	**tipesch**	Dummkopf
meschuge	verrückt	**tocheß**	Arsch
mufkerte	Flittchen	**zedrejt**	verrückt

Kusch mir im tocheß.
küss mich im Arsch
Leck mich am Arsch.

Woß bißt asoi a kaißn?
was bist solch ein Jähzorniger
Warum schreist du so?

Farschwind!
verschwinde
Hau ab!

Los mich bescholem!
lass mich in-Frieden
Lass mich in Ruhe!

Wenn Sie als Frau sagen:

Ich hob die zait.
ich habe die Zeit
Ich habe meine Tage.

können Sie in der Regel damit rechnen, dass man Sie in Ruhe lässt.

Krank sein

Wo gefint men a dokter?
wo findet man einen Doktor
Wo gibt es einen Arzt?

Ich darf a medikament.
Ich brauche ein Medikament.

Ich hob a krenk-ßtrachirung.
Ich habe eine Krankenversicherung.

Ot do tut mir wej.
dort tut mir weh
Ich habe dort Schmerzen.

Eß tut/tun mir wej ...
es tut/tun mir weh ...
Ich habe ...-Schmerzen.

Krank sein

Apotheke	**aptejk,** w
Arm	**orem,** m
Arzt	**dokter**
atmen	**otemen**
Auge	**oig,** s
äußerlich	**oißnwenikßt**
Bauch	**boich,** m
Bein	**fuß,** m (Pl. **fiß)**
bewusstlos	**farchalescht**
Blinddarm	**blinde kischke**
Brust	**brußt,** w, **busem,** m
Darm	**kischke,** w
Diabetes	**zukerkrenk,** w
Durchfall	**loiser mogn, schilschl**
erbrechen	**oißbrechn**
erkältet	**farkilt**
Erkältung	**farkilung,** w
Erschöpfung	**oißgematerkejt,** w
Erste Hilfe	**giche hilf,** w
Finger	**finger,** m
Fuß	**fuß,** m
Gebrechen	**mum,** m
Gehirn	**moich,** m
Gliedmaß	**ejwer,** m
Hals	**gorgel,** m, **halds,** m
Hand	**hant,** w (Pl. **hent)**
Heilmittel	**refu'e,** w
Herz	**harz,** s
Hintern	**hintn,** m
Knochen	**bejner,** m. Pl.
Körper	**kerper,** m; **guf,** m
Koma	**kßiße,** w

Kopfweh	**kopwejtik,** m
Krankheit	**chalaß,** s, **krenk,** w
krank sein	**krenken**
Krebs	**rak,** m
Leibschmerzen	**grimenisch**
Leistenbruch	**winklbroch,** m
Magen	**mogn,** m
Mund	**moil,** s
Nacken	**kark,** m
Nase	**nos,** w
Ohnmacht	**chaloscheß,** s
Ohr	**oi'er,** s
Reiseapotheke	**aptejkl,** s
Rücken	**rukn,** m
Salbe	**salb,** w
Schlaftablette	**schlefpil,**
Schmerz(en)	**wejtik,** m
Schmerzmittel	**schmerzmitl,** s
Schulter	**axl,** m; **plejze,** w
schütteln	**schokln**
Stirn	**stern,** m
Tropfen	**tropnß,** m. Pl.
Verband	**bandaj,** m
verbinden	**farbandajirn**
Verbrennung	**farbrenung,** w
verletzt	**zemasikt**
Verletzung	**wund,** w
Verstopfung	**farhaltung,** w
Wade	**litke,** w
Wehen	**kimpet,** w
Wirbelsäule	**ruknbein,** s
Zahn	**zon,** m; (Pl. **zejn)**
Zahnfleisch	**zejnflejsch**

Literaturhinweise

Birnbaum, Salomo A. **Grammatik der Jiddischen Sprache.** Mit einem Wörterbuch und Lesestücken. 5., erg. Aufl., Hamburg 1988

Callenberg, J. H. & Chrysander, W. C. J. (1733, 1736, 1750) **Schriften zur jiddischen Sprache.** Faksimiledruck, Marburg 1966

Coldoff, Harry **A Yiddish Dictionary in Transliteration.** Toronto 1988

Frank, Jehuda Leopold (1961) **Loschen Hakodesch. Jüdisch-deutsche Ausdrücke, Sprichwörter und Redensarten der Nassauischen Landsjuden.** 3. Aufl., Eigenverlag, Cholon, Israel, 1990

Gross, David C. **English-Yiddish, Yiddish-English Dictionary.** Revised edition, New York 1994

Harduf, Davis Mendel **English-Yiddish, Yiddish-English Dictionary.** Willowdale, Ontario 1993

Landmann, Salcia **Jiddisch. Das Abenteuer einer Sprache.** Wiesbaden/München 1979

Lockwood, W. B. **Lehrbuch der modernen jiddischen Sprache.** Mit ausgewählten Lesestücken. Hamburg 1995

Lötzsch, Ronald **Jiddisches Wörterbuch.** Leipzig 1990

Rockowitz, Anna C. **201 Yiddish Verbs – fully conjugated in all the tenses.** New York, 1979

Rosenbaum, Samuel **A Yiddish Word Book for English-Speaking People.** New York, 1978

Weinberg, Werner **Die Reste des Jüdischdeutschen.** Stuttgart 1969

Weinreich, Uriel **College Yiddisch. An Introduction to the Yiddish Language and to Jewish Life and Culture.** 5th ed., New York, 1976

Weissberg, Josef **Jiddisch. Eine Einführung. Bern 1988**

Weltman, G. & Zuckerman, M. S. **Yiddish Sayings Mama Never Taught You.** Van Nuys, California, 1975

Wolf, Siegmund **Jiddisches Wörterbuch. Wortschatz des deutschen Grundbestandes der jiddischen Sprache.** Mannheim 1962

Wolf Cohen, Elizabeth **Jüdische Küche. 100 authentische Rezepte.** Köln 1995

Zivy, Arthur **Elsässer Jiddisch. Jüdisch-deutsche Sprichwörter und Redensarten.** Basel, o.J.

Goldin, Hyman E. (1939) **The Yiddish Teacher. A Method for the Study of Yiddish.** New York 1996

Schnitzler, Leopold **Prager Judendeutsch.** Gräfelfing bei München, 1966

Weinreich, U. & B. **Say it in Yiddish.** New York 1996

Wörterliste Deutsch – Jiddisch

kapl (Kippa)

Sie finden hier einen Grundwortschatz von ca. 1000 Wörtern, einmal Hochdeutsch – Jiddisch und einmal Jiddisch – Hochdeutsch aufgelistet. Moderne Ausdrücke, Fachwörter etc. werden entweder aus dem Hochdeutschen oder aus dem jeweiligen sprachlichen Umfeld entlehnt, also z. B. aus dem Polnischen, Englischen, Hebräischen – je nachdem, wo die Jiddisch-Sprechenden leben. Es sei hier deshalb nochmals empfohlen, die entsprechenden Kauderwelsch-Sprechführer dabei zu haben. In den einzelnen Kapiteln dieses Büchleins finden Sie weitere Begriffe, die über diesen Grundwortschatz hinausgehen. Wo sich das Geschlecht aus der Wortbedeutung ergibt oder das Wort je nach Situation verschiedene Geschlechter annehmen kann, ist es nicht angegeben. Ohnehin ist das grammatische Geschlecht oft nicht eindeutig festgelegt, so dass Sie in der Praxis Abweichungen feststellen können.

A

Abend ow(e)nt, m
Abendessen wetschere, w; ow(e)ntbroit, s
aber ober; nor
abfahren opforn
abfliegen awekfli'en
abreisen awekforn, farlosn
abschleppen zi'en/schlepn (mit a strik/kejt)
Adresse adreß, m
Alkohol alkohol, m
allein alein
alles alz
als (zeitl.) as, wenn
als (Vergleich) fun
alt alt
Alte(r) sekene, f; soken, m
Alter (Lebens-) elter, m
Andenken ondenk, m
anfangen onhejbn
Angestellte(r) ongestelte(r)
Angst moire, f
anhalten apsteln
ankommen onkumen
Ankunft onkumen, s
Antwort entfer, m
antworten entfern
Apotheke aptejk, w
arbeiten arbejtn
Arbeiter/in Arbejter/Arbetorin
arm orem
Arzt dokter

auch oich
auf oif
Aufenthalt wisit, m
aufhören oifhern
aufstehen oifstejn
aufwachen oifchapn sich
aus (Ursache) oiß
Ausfuhr aroißfirung, w
Ausgang aroißgang, m
ausgezeichnet oisgezeichnt
Auskunft informazi'e, w
Ausland oißland, s
Ausländer oißlender
ausländisch fremd
Ausreise aroißfar, m
Aussprache aroißred, m
aussteigen aroißgejn
Ausstellung aroißstelung, w
Ausweis personschain, m
ausziehen oißtun
Auto oito, m; awtomobil, m
Autowerkstatt oitowarstat, w

B

Badeanzug bodkoßtjum, m
Badehose schwimhejslech, s
baden (sich) bodn
Badezimmer waschzimer, m
Bahnhof woksal, m; ßtanzje, w
Bahnsteig platforme, w
bald in gichn
Bank (Geld) bank, m
Bargeld mesumonim
Batterie baterije, s
bauen boien
Bauer poier
Baum boim, m
beeilen, sich ailn; jogn sich
beenden endikn
begleiten bagleitn
begrüßen bagrißn
behandeln (Krankheit) bahandlen
Behörde ejberschaft, w
bei bai
Beispiel moschl, m
bekanntmachen, sich bakanen sich
beleidigen baleidikn
benachrichtigen gebn zu wißn
Benzin bensin, m
Berg barg, m
Beruf fach, m; profeßje, w
berühmt barimt
beschweren, sich baklogen sich
besichtigen basuchn, wisitirn
Besitzer ejgntimer
besser beßer
bestellen baschteln
Bestellung baschtelung, f
bestrafen strofn
Besuch wisit, m
besuchen kumen zu gaßt; basuchn
betrügen opnarn
betrunken farschikert
Bett geleger, s; bet, w/s
Bettzeug baziächz, s
bevor ejder
Beweis derwais, m
bezahlen bazoln
Bier bir, s
Bild bild, s
billig wolwl
Binde bandaj, m
bis bis (wanet)
bisschen brekl, s
Bitte bakosche, w
bitten betn; farlangen
Blatt blat, m
bleiben blaibn
Bleistift blaier, m
Blume kwejt, m
Boot lotke, w
Botschaft (dipl.) ambaßade, w
Brand ßrejfe, w
Brauch minheg, m
brauchen darfn
breit breit
brennen brenen
Brief briw, m
Briefmarke poßtmarke, w
Briefumschlag konwert, m
Brille spakuln (Mz.)
bringen brengen
Brot broit, s
Brücke brik, w
Bruder bruder
Brust (weibl.) busem, m; zizke, w
Brust(korb) bußem, m; brußt, w
Buch buch, s
buchen baschteln
Buchstabe oß, m
bunt filfarbik
Burg feßtung, w
Bürger (Staats-) birger
Büro bjuro, s
Bus oitobus, m

C/D

Chauffeur schafer, m
Chef schef
da o; dortn
Dach dach, m
damit dermit
danach dernochdem
danke a dank
danken danken
dann demolt
darum derfar
dass as
Datum date, w
dauern onhaltn
Decke (Bett) koldre, w
dein/e dein
denken trachtn
Denkmal denkmol, m
deshalb deriber
deutsch taitschisch
Deutsche(r) taitschische(r)
Deutschland taitschland
Dialekt dialekt
dick dik
Diebstahl genejwe, w
dies ot der/di/doß
diese(r,s) di/der/ doß dosike/r
Ding sach, w
Diskothek diskotek
Dokument(e) dokument(n)
Dolmetscher oißtaitscher
Dorf dorf, s; jischew, m; kfar, m
dort(hin) (noch) dortn
dringend dringlech
du du
dumm narisch
dunkel tunkl, finzter
dünn dar, din, schiter
durch (hindurch) durch
Durchfall schilschl, m
dürfen megen
Durst dorscht, m
Durst haben darschtn

E

echt echt
Ehefrau waib
Ehemann man
Ehepaar por-folk, s
Ei ej, s
Eigentum zugeher, s
einander anander
Einbruch arainbrech, m
einfach puschet
Einfuhr areinfirung, w
Eingang areingang, m
einige etleche
einladen farbetn
Einladung ainladung, w
einmal amol; ejnzik
einsteigen aroifgejn
eintreten araingejn
einverstanden ainstimik
Einwohner ainwoiner
Eis (Speise-) ais(-krem)
Eisenbahn ban, w
Eiter materije
Eltern tate-mame
empfangen derhaltn, oifnemen
empfehlen rekomendirn
Ende ßof, m; ek, s
eng schmol; eng
englisch englisch
Enkel(in) ejnikl
entscheiden paßkenen
entschuldigen, sich antschuldiken sich
er er
Erde erd, w
Ereignis gesche'enisch, m
Erfolg hazloche, w
erhalten derhaltn
erholen, sich opru'en sich
erinnern, sich gedenken
erkältet sein farkilt sain
erklären derklern
erlauben derloibn
Erlaubnis derloibenisch
Ermäßigung aroplos, m
Ersatzteil farbait-tejl, w
erzählen der-/farzejlen
essen eßn
Etage stok, m; etaj, m
etwa be'erech
etwas epeß
euer/e aier

F

Fabrik fabrik, w
Faden fodem, m
Fähre iberfir-schifl, s
fahren forn
Fahrkarte bilet, m
Fahrplan (zait)plan, m
Fahrpreis forgelt, s
Fahrrad bizikl, m; veloßiped, m
Fahrzeug komunikazie-mitl, s
falsch farkert
Familie mischpoche, w
Familienname zunomen, m
Farbe farb, w
Farbfilm farb-film, m

faul (Obst) farfoilt
faul (träge) foil
Fehler to'eß, m
Feier faierung, w; ßimche, w
feiern prawen
feilschen dingen sich
Feld feld, s
Fenster fenßter, m
Ferien wakanzije, w
fern wait
Fernsehgerät telewisi'e, w
fertig grejt
fest feßt
Fest ßimche, w
feucht naßlech
Feuer faier, m
Fieber hiz, w
Film film, m
finden gefinen
Finger finger, m
Fisch fisch, m
Flasche flasch, w
Fleisch flejsch, s
fleißig flaißig
fliegen fli'en
flirten flirtewen
Flughafen a'eroport, m
Flugticket fligbilet, m
Flugzeug a'eroplan, m; fliwarg, s; awjon, m
Fluss taich, m
Folklore folklor, m
Formular formuliar, m
Fotoapparat fotografiraparat, m
Fotografie fotografi'e, w
fotografieren aropchapn
Frage schaile, w; kasche, w
fragen fregn
Frau ische, w; froi, w; waib, w
Fräulein frailn, w
frei frai
fremd fremd
freuen, sich derfrejen sich
Freund(in) chawer, m; chawerte, w
freundlich fraindlech
Freundschaft fraintschaft, w
Frieden scholem, m
frieren friren
frisch (Obst) frisch
fröhlich frejlech
Frucht pejre, w
früh fri
Frühling friling, m
Frühstück iberbaißn, s; fristik, m
frühstücken iberbaißn, fristikn
fühlen, sich filn
Führung firung, w
für far
fürchten, sich (vor) moire hobn (fun)
Fuß fuß, m

G

Gabel gopl, m
ganz ganz
Garten gortn, m
Gas gas, m
Gasse steg, m
Gast oirech, m
Gastfreundschaft gaßtfraindlechkejt, w
Gastgeber(in) baleboß(te)
Gaststätte reßtoran, m
Gebäck gebekß, s
Gebäude binjen, m; boiung, w
geben gebn
Gebirge berg, di (m Mz.)
Gebühr opzol, m
Geburtstag geboirntog, m
gefährlich meßukn; geferlech
gefallen gefeln
Gefängnis turme, w; tfiße, w
Gefäß kejle, w
Gefühl gefil, s
gegen kegn
Gegend gegnt, m
gegenüber antkegn
gehen gejn
Geld gelt
Gemüse grinß, s; gartnwarg, s
gemütlich heimisch
genau punkt
genug genug
Gepäck bagaj, m
geradeaus glaich
gern geren sain zu (+ Infinitiv)
Geschäft (Tätigkeit) ejßek, m
Geschäft (Laden) krom, w
Geschenk matone, w
Geschichte (Erzählung) maiße, w
Geschichte (Historie) hißtori'e, w
Geschwister geschwißter
Gesellschaft geselschaft, w
Gesetz din, m
Gespräch schmu'eß, m
gestern nechtn
gesund gesunt
Gesundheit gesunt, s
Getränk trunk, m
Gewicht wog, w

Gewitter gewiter, s
gewöhnen, sich (an) zugewejnen sich (zu)
Gewürz gewirz, s
Gift ßam, m
Giftschlange giftik schlang, m/w
Glas (Material) glos, s
Glas (Trink-) glesl, s
glauben gloibn
Glück masl, s
Gold gold, s
Gott Adonai; Ejberschter; Got
Gramm gram, m
Grammatik gramatik, w
Gras gros, s
gratulieren wintschewen
Grenze grenez, m
Grippe influenzi'e, w
groß groiß
Größe (Kleidung) numer, m
Großmutter bobe
Großvater sejde
Gruppe grupe, w; chewre, w
grüßen, sich bagrißn sich
gültig giltik
gut gut; woil

H

haben hobn
Hafen hawn, m
Hälfte helft, w
halten haltn
Haltestelle ßtanzje, w
Handel mißcher, m
hart hart
Haus hois, s; stub, w
Hausfrau baleboßte
heben hejbn
Heftpflaster flaßter, plaßter, s
heiß hejß
helfen helfn
hell lichtik
Herbst harbßt, m
Herr adón
herzlich harzik
heute haint
hier (ot) do
Hilfe hilf, w
hinten hintn
hinter hinter
hoch hoich
Hochzeit chaßene, w
hoffen hofn
höflich heflech
Holz holz, s
hören hern
Hotel achßanje, w
hungrig (sein) (sain) hungerik
Hygiene higiene, w

I

ich ich
ihr/e (Ez.) ir/e; (Mz.) sejer/e
Ihr/e aier/e
immer tomid, stendik
impfen wakzinirn
in (zeitlich) in
in (örtlich) in
Industrie indußtri'e, w
Information informazi'e, w
informieren, sich informirn sich
Insekt inßekt, m
Insel indsl, m
interessant intereßant
interessieren, sich (für) tschikawe sain (far)
international internazional

J

ja jo
Jahr jor, s
Jahreszeit zait fun jor, w
jährlich jerlech
jeder jeder ejner
jedes Mal ale mol
jemand emezn
jener der o
jetzt azind
Journalist ʝurnalißt
jung jung
Junge jingl, m/s

K

kalt kalt
kaputt zeklapt; mechule
Karte kort, w; bilet, m
Kasse kaße, w
kaufen koifn
kennen kenen, wißn
Kind kind, s
Kino kino, m
Kirche kirch, w
Kleidung klejder; onton; malbuschim
klein klejn
klug geschait
Kneipe schenk, w

kochen kochn
Koffer walise, w; tschemodan, m
kommen kumen
kompliziert komplizirt
können kenen
Konsulat konßulat, m
kontrollieren kontrolirn
Konzert konzert, m
kosten (Preis/probieren) kostn; filn dem tam
kostenlos umsißt
krank krank
Krankenhaus spitol, m
Krankheit krenk, w
Krieg milchome, w
kühl kil
Kühlschrank frijider, m
Kunst kunßt, w
kunstgewerbliche Waren kinßtlerische sachn
kurz kurz
küssen kuschn

L

lächeln schmejchlen
lachen über etwas lachn wegn epeß
Lage (geogr.) lage, w
Laken lailech, m
Lampe lomp, m
Land land, s; erd, w; medine, w; ume, w
Landkarte karte, w; mape, w
Landschaft landschaft, w
Landwirtschaft erdarbet, w
lang (Entfernung) lang
lang(e) (Zeit) lang
langsam pamelech
langweilig nudne
laufen loifn, jogn
laut hoich
leben/Leben lebn
Lebensmittel spais, w
ledig frailejdik
leer lejdik
legen lejgn
Lehrer/-in lerer/-(i)n, -ke
leicht (nicht schwer) gring
leihen, sich (von) lajen sich (fun)
lernen lernen sich
lesen lejenen
Leute lait
Licht licht, w
lieben lib hobn
Lied lid, s
liegen lign
links linkß
Loch loch
Löffel lefl, m
Lohn pejde, w; gezolt, s
lügen l(a)ign
lustig spaßik

M

machen machn
Mädchen mejdl, s
malen moln
man men; me
manchmal a mol
Mann man(zbil), m
Markt mark, m
Medikament(e) aptejkwarg, s
Meer jam, m
mehr mer(er)
mein/e main/e
Menge ßchum, m; kameß, s
Mensch mentsch, m
Messer meßer, m
mieten dingen
Minute minut, w
mit mit
Mittag mitogzait, w
Mittagessen onbaißn, s
Mode mode, w
möglich meglech
Monat choidesch, m
morgen morgn
Morgen inderfri, m; frimorgn; m
Motor maschin, w; motor, m
Motorboot motor-schifl, s
Motorrad motorzikl, m
müde mid; farmaterd
Müll opfal, m; mißt, s
Museum musej, m
Musik musik, w
müssen darfn; musn
Mutter mame

N

nach (zeitl.) noch;
nach (örtl.) in, kejn
Nachmittag nochmitog, m
Nachricht jedije, w; nai(e)ß, s
nächstes Mal dos nekßte mol
Nacht nacht, w
nackt naket
Nadel nodl, w
nah noent
Name nomen, m

nass naß
Nationalität birgerschaft, w
Natur natur, w
natürlich (nicht künstl.) betewe
neben leben; noenzt
nehmen nemen
nein nejn
neu nai
neugierig tschikawe
nicht ni(sch)t
nichts kejn sach nit
niedrig niderik; gemejn
niemals kejn mol nit
niemand kejner nit
nirgendwo/-hin in ergets nit
noch (einmal) noch (a mol)
Norden zofn, m
normal normal
notwendig nejtik
Nummer zol, w
nur blois; ejnzik; nor

O

ob zi
oben oibn
Obst oips, s
oder oder
öffnen efnen; oifmachn
oft oft mol
ohne on
Öl ejl, m
Onkel feter; onkl
Organ organ, m
organisieren organisirn
Ort ort, m; mokem, m
Osten misrech, m
Österreich eßtraich, s
Österreicher(in) eßtraicher(n)

P

paar etleche
Paar por, w
Päckchen klejn pekl, s
Paket groiß pekl, s
Palast palaz, m
Papier papir, s
Park stotgortn, m
parken parkirn
Pass paßport, m
Patient choile, m
Pause hafßoke, w
Person parschoin, m
Pflanze gewikß, s
Plan plan, m
Platz ort, m
Platzkarte plazkarte, w
plötzlich pluzling
Politik politik, w
Polizei polizai, w
Post(amt) poßtamt, m
Postkarte poßtkartl, s
Preis mekech, m; prais, m
privat priwat
Problem problem, w
Programm program, w
Prospekt proßpekt, m
pünktlich pinktlech

Q/R

Qualität ejcheß, s
Radiogerät radio, m
Rat ejze, w
rauchen roichern
Raum chejder, m; zimer, m/s
rechnen chejbenen
Rechnung cheschbon, m
Recht din, m; recht, s
rechts rechts
reden redn
Regen regn, m
Regenschirm schirem, m
registrieren farschraibn
reich raich
reif zaitik
Reifen (gume-)rejf, m
Reise neßi'e, w
Reisebüro raisebiuro, m
reisen arumforn
reparieren farichtn
reservieren farbronirn; reserwirn
Restaurant reßtoran, m
Rettungswagen ambulans, m
richtig recht
Richtung richtung, w
roh roi
Rückfahrt weg zurik, m
Rucksack ruksak, m
rückständig primitiw
rufen rufn
Ruhe stilkejt, w; schalwe, w

S

Sache sach, w
sagen sogn
Salbe salb, w
Salz salz, w
sammeln klaibn; samlen
Sand samd, s
satt sat

Satz (Grammatik) saz, m
sauber rejn
sauber machen rejnikn
sauer soier
Schallplatte plate, w; disk, m
scharf scharf
Scheck geltanwaisung, w
Schere scherl, s
schicken, senden (zu-)schikn
schießen schißn
Schiff schif, w
schlafen schlofn
Schlafsack schlofsak, m
Schlafzimmer schlofzimer, m
schlagen schlogn;
schlagen (milit.) zeklapn
schlecht schlecht
Schloss (Gebäude) palaz, m
Schlüssel schlißl, m
schmackhaft batamt
Schmerz wej(tik), m
schmerzen wejton
Schmuck zirung, w
schmutzig brudik
Schnaps bronfn, m
schnell gich
schon schoin
schön fain; lib; schejn
schreiben schraibn
schreien schraien
Schuh schuch, m
schuldig schuldik
Schule schul, w
Schüler(in) schiler
schwanger trogedik
Schweiz schweiz, w
Schweizer(in) schweizer
schwer/schwierig schwer
Schwester schweßter
schwimmen schwimen
schwitzen schwizen
See (m) os(j)ere, w
sehen sen
Sehenswürdigkeit merkwirdigkeit, w oißterlichkeit, w tschikaweßn, s
sehenswürdig tschikawe zu sen
Seide said, w; saidnß, s
Seife seif, w
Seil strik, m
sein/e sain/e
seit sint
Seite (Richtung) sait, w
Sekunde ßekunde, w
selbst alein; gufe
selten seltn
setzen, sich sezn sich
sicher sicher
sie (Ez./Mz.) si/sej
Sie ir
Silber silber, s
singen singen
sitzen sizen;
sitzen (passen) paßn
so asoi
sofort oif der räge
Sohn sun
solch(e,er,es) asa
sollen darfn; soln
Sommer sumer
Sonne sun, w
sparen farsporn; opsporn
spät spet
spazierengehen (gejn) spazirn
Speise spais, w
Speisekarte menju, m
spielen spiln
Spielzeug spilwarg, s
Sport ßport, m
Sprache loschn, s
sprechen redn
Spritze spriz, m; ainsprizung, w
Staatsangehörigkeit birgerschaft, w
Stadt stetl, s
stark kraftik
stehen stejn
Stein stejn, m
Stelle (Ort) ort, m
stellen steln
sterben starbn
Stil (Architektur) stil, m
Stimme kol, s
Stoff stof, m
stören stern
Strafe oinesch, m
Strand plaje, w
Straße gaß, w
Straßenbahn tramwai, m
Streichhölzer schwebele, s
streiten sich ampern
Stück stikl, s
Student ßtudent
Stunde scho, w
suchen suchn
Süden dorem, m
Summe batref, m
Suppe joich, w
süß siß

T

Tabak tabik, m; tabike, w
Tablette tablet, m

Wörterliste Deutsch – Jiddisch

Tag tog, m
täglich teglech; togik
Tal tol, m
Tankstelle owto-ongißn-ßtanzje, w
Tante mume
tanzen tanzn
Tasche sekl, s
Tasche (Kleidungs-) keschene, w
keschenik, m Taschendieb
Taxi taxi, m
Telefon telefon, m
telefonieren telefonirn; op-, onklingen
Telegramm telegrame, w
teuer tajer
Theater teater, m
tief tif
Tier chaje, w
Tochter tochter
tot toit
Tod toit, m; ptire, w
Toilette kloset, m; nuɉnik, m
Toilettenpapier ascherjozerpapir, s
töten hargenen
Tradition tradizije, w
tragen trogn
traurig trojerik; umetik
treffen (begegnen) trefn; bagegenen
Treppe trep, w
trinken trinken
Trinkgeld birgelt, s; bafmejeß, s; bafmoß, s
trocken trukn
tschüss gej(t) mit Got
tun ton; tu'en
Tür tir, w
Turm turem, m

U

üben ibn
über (örtl./zeitl.) iber
überall umetum
übermorgen ibermorgn
übersetzen fartaitschn
Übersetzer oißtaitscher; ibersezer
Überweisung onwaisung, w
übrig iberik
Uhr seiger, m; seigerl, s
um arum;
um zu … kedej zu …
Umgebung arum, m
Umleitung endern dem marschrut
umtauschen oißbaitn
Umweg arumweg, m
Umwelt ßebibe, w
unbekannt umbakant
und un
Unfall umglik, s
Universität uniwerßitet, w
unschuldig umschuldik
unser/e undsere/r
unten anider
unter unter
Unterhaltung schmueß, m; farwailung, w
Unterkunft derweilike woinung, w
unterrichten (lehren) lerenen
unterschreiben chaßmenen
Urlaub wakanzije, w

V

Valuta (Devisen) (oißlendische) walute
Vater tate
verabreden (sich) opschmuäßn (s.)
verboten (sein) (sain) farwert
Verbrechen farbrech, m
verdienen fardinen
vergessen fargeßn
vergnügen, sich hanoje hobn
verirren, sich farblondɉen
verkaufen farkoifn
verleihen (an) lajen (mit Dat.)
verletzt zemasikt
Verletzung schodn, m
verlieben, sich farlibn sich
verlieren farlirn; onwern
vermieten fardingen
Vermittlung farmitlung
Versicherung aßekurazie, ßtrachirung, farsicherung; w
verspäten, sich farzi'en sich; farspetikn sich
versprechen, sich redn nit zu der sach
verstehen farstejn
versuchen pruwn
viel a ßach
vielleicht efscher
Vogel foigl, m
Volk folk, s
voll ful
von fun
vor ejder; far
vorbereiten (zu)grejtn

vorgestern ejnechtn; ejernechtn
vorher afri'er; fri'erdik
Vormittag far mitog
Vorname nomen, m
vorne fornt
vorschlagen forschlogn; forlejgn
vorstellen, sich forsteln sich
Vorwahlnummer telefonischer kod

W

Wagen wogn, m
wahr emeßdik
Wahrheit emeß
während bejß; beschaß
Wald wald, m
Wand want, w
wandern woglen
wann wenn
Ware ßchoire, w
warm warem
warten wartn
warum far woß
was woß
waschen waschn
waschen, sich arumwaschn sich
Wasser waßer, s
Watte wate, w
wechseln baitn
wecken oifwekn
Weg weg, m
wegen zulib
weiblich waiblech
weil machmeß
weinen wejnen
weit wait
welcher welcher
wenig bißl, s; kap, m
wenn (als) as; wenn
wenn (falls) oib; tomer
wer wer
werden wern
wessen wemens
Westen mairew, m
Wetter weter, m
wichtig wichtik
wie wi (asoi)
wieder nochamol
wiederholen iberchasern
wie viel wifil
Wind wint, m
Winter winter, m
wir mir
wissen kenen; wißn
wo wu
Woche woch, w
woher fun wanet
wohin wuhin
wohnen woinen
Wohnung dire, w
wollen weln
Wort wort, s
Wörterbuch werterbuch, s
Wunde wund, w
wünschen wintschn

Z

zahlen bazoln
Zahnarzt zondokter
Zahnpasta zejnpaßte, w
zeigen waisn
Zeit zait, w
Zeitung blat, s
Zelt gezelt, s
Zentrum zenter, m
Zigarette papiroß, m
Zimmer chejder, m; zimer, m
Zoll zol, m
zu (+ Adjektiv) zu
zufrieden zufridn
Zug ban, w
zurück (oif) zurik
zusammen in ejnem
zu viel zu fil
zwischen zwischn

Wörterliste Jiddisch – Deutsch

A

a dank danke
a mol manchmal
a ßach viel
achßanje, w Hotel
adón Herr
Adonai Gott
adreß, m Adresse
a'eroplan, m Flugzeug
a'eroport, m Flughafen
afri'er vorher
aher hier
aier/e Ihr/e
aier euer/e
ailn sich beeilen
ainladung, w Einladung
ainsprizung, w Spritze
ainstimen einverstanden sein
ainwoiner Einwohner
ais(-krem) (Speise-)Eis
ale mol jedes Mal
alein selbst, allein
alkohol, m Alkohol
alt alt
alz alles
ambaßade, w Botschaft (dipl.)
ambulans, m Rettungswagen
amol einmal; einst
anander einander
anider unten
antkegn gegenüber
antschuldiken sich s. entschuldigen
apsteln anhalten
aptejk, w Apotheke
aptejkwarg, s Medikament(e)
arainbrech, m Einbruch
araingejn eintreten
Arbejter/Arbetorin Arbeiter/in
arbejtn arbeiten
areinfirung, w Einfuhr
areingang, m Eingang
aroifgejn einsteigen
aroißfar, m Ausreise
aroißfirung, w Ausfuhr
aroißgang, m Ausgang
aroißgejn aussteigen
aroißred, m Aussprache
aroißstelung, w Ausstellung
aropchapn fotografieren; knipsen
aroplos, m Ermäßigung
arum, m Umgebung
arum um
arumforn reisen
arumwaschn sich sich waschen
arumweg, m Umweg
as dass, wenn, als (zeitl.)
asa solch(-e,-er,-es)
ascherjozerpapir, s Toilettenpapier
asoi so
aßekurazie Versicherung
awekfli'en abfliegen
awekforn abreisen
awjon, m Flugzeug
awtomobil, m Auto
azind jetzt

B

bafmejeß, s Trinkgeld
bafmoß, s Trinkgeld
bagaj, m Gepäck
bagegenen treffen (begegnen)
bagleitn begleiten
bagrißn sich grüßen, sich
bagrißn (be-)grüßen
bahandlen behandeln (krank)
bai bei
baitn wechseln
bakanen sich sich bekanntmachen
baklogen sich s. beschweren
bakosche, w Bitte
baleboß(te) Gastgeber(in)
baleboßte Hausfrau
baleidikn beleidigen
ban, w Zug, Eisenbahn
bandaj, m Binde
bank, m Bank (Geld)
barg, m Berg
barimt berühmt
baschteln buchen, bestellen
baschtelung, f Bestellung
basuchn besichtigen, besuchen
batamt schmackhaft
baterije, s Batterie
batref, m Summe
baziächz, s Bettzeug
bazoln (be-)zahlen
be'erech etwa
bejß während; Ort
bensin, m Benzin

berg, di (m Mz.) Gebirge
beschaß während
beßer besser
betewe natürlich (n. künstl.)
bild, s Bild
bilet, m (Fahr-)Karte
binjen, m Gebäude
bir, s Bier
birgelt, s Trinkgeld
birger (Staats-)Bürger
birgerschaft, w Staatsangehörigkeit
bis (wanet) bis
bißl, s wenig
bizikl, m Fahrrad
bjuro, s Büro
blaibn bleiben
blaier, m Bleistift
blat, m Blatt
blat, s Zeitung
blois nur
bobe Großmutter
bodkoßtjum, m Badeanzug
(sich) bodn baden
boien bauen
boim, m Baum
breit breit
brekl, s bisschen
brenen brennen
brengen bringen
brik, w Brücke
briw, m Brief
broit, s Brot
bronfn, m Schnaps
bruder Bruder
brudik schmutzig
brußt, w Brust(korb)
buch, s Buch
busem, m Brust (weibl.); Brust(korb)

C

chaje, w Tier
chaßene, w Hochzeit
chaßmenen unterschreiben
chawer, m Freund
chawerte, w Freundin
chejbenen rechnen
chejder, m Raum, (Lern-)Zimmer; jüd. Schule
cheschbon, m Rechnung
choidesch, m Monat
choile, m Patient

D

dach, m Dach
dafke notwendig
danken danken
dar dünn
darfn brauchen, müssen, sollen
darschtn Durst (haben)
date, w Datum
dein dein/e
demolt dann
denkmol, m Denkmal
der o jener
derfar darum
derfrejen sich sich freuen
derhaltn erhalten, empfangen
deriber deshalb
derklern erklären
derloibenisch Erlaubnis
derloibn erlauben
dermit damit
dernochdem danach
derwais, m Beweis
derweilike woinung, w Unterkunft
derzejlen erzählen
di/der/dos doß dosike/r diese(-r,-s)
dialekt Dialekt
dik dick
din, m Gesetz, Recht
din dünn
dingen mieten
dingen sich feilschen
dire, w Wohnung
disk, m Schallplatte
diskotek Diskothek
do hier
dokter Arzt
dokument(n) Dokument(e)
dorem, m Süden
dorf, s Dorf
dorscht, m Durst (haben)
dortn dort
doß nekßte mol nächstes Mal
dringlech dringend
du du
durch durch (hindurch)

E

echt echt
efnen öffnen
efscher vielleicht
ej, s Ei
ejberschaft, w Behörde
Ejberschter Gott
ejcheß, s Qualität
ejder vor; bevor
ej(er)nechtn vorgestern
ejgntimer Besitzer

ejl, m Öl
ejnikl Enkel(in)
ejnzik nur, einmal
ejßek, m Geschäft (Tätigkeit)
ejze, w Rat
ek, s Ende
elter, m (Lebens-)Alter
emeß Wahrheit
emeßdik wahr
emezn jemand
endern dem marschrut Umleitung
endikn beenden
englisch englisch
entfer, m Antwort
enk euch
entfern antworten
epeß etwas
er er
erd, w Erde, Land
erdarbet, w Landwirtschaft
eßn essen
eßtraich, s Österreich
eßtraicher(n) Österreicher(in)
etaj, m Etage
etleche einige, ein paar
ez ihr

F

fabrik, w Fabrik
fach, m Beruf
faier, m Feuer
faierung, w Feier
fain schön
far für, vor
far mitog Vormittag
farb, w Farbe
farb-film, m Farbfilm
farbait-tejl, w Ersatzteil
farbetn einladen
farblondjen verirren, sich
farbrech, m Verbrechen
farbronirn reservieren
fardinen verdienen
fardingen vermieten
farfoilt faul (Obst)
fargeßn vergessen
farichtn reparieren
farkert falsch
farkilt sain erkältet sein
farkoifn verkaufen
farlangen bitten
farlibn sich sich verlieben
farlirn verlieren (Dinge)
farlosn abreisen
farmaterd müde
farmitlung Vermittlung
farschikert betrunken
farschraibn registrieren
farsicherung; w Versicherung
farspetikn sich sich verspäten
farsporn sparen
farstejn verstehen
fartaitschn übersetzen
farwailung, w Unterhaltung
farwert verboten
far woß warum
farzejlen erzählen
farzi'en sich sich verspäten
feld, s Feld
fenßter, m Fenster
feßt fest
feßtung, w Burg
feter Onkel
filfarbik bunt
film, m Film
filn dem tam kosten, probieren
filn sich fühlen
finger, m Finger
finzter dunkel
firung, w Führung
fisch, m Fisch
flaißig fleißig
flasch, w Flasche
flaßter, s Heftpflaster
flejsch, s Fleisch
fli'en fliegen
fligbilet, m Flugticket
flirtewen flirten
fliwarg, s Flugzeug
fodem, m Faden
foigl, m Vogel
foil faul (träge)
folk, s Volk
folklor, m Folklore
forgelt, s Fahrpreis
forlejgn vorschlagen
formuliar, m Formular
forn fahren
fornt vorne
forschlogn vorschlagen
forsteln sich (sich) vorstellen
fotografi'e, w Fotografie
fotografiraparat, m Fotoapparat
frai frei
frailejdik ledig
frailn, w Fräulein
fraindlech freundlich
fraintschaft, w Freundschaft
fregn fragen
frejlech fröhlich
fremd ausländisch, fremd

fri früh
fri'erdik vorher
frijider, m Kühlschrank
friling, m Frühling
frimorgn; m Morgen
friren frieren
frisch frisch (Obst)
fristik, m Frühstück
fristikn frühstücken
froi, w Frau
ful voll
fun wanet woher
fun von, als (Vergleich)
fuß, m Fuß

G

ganz ganz
gartnwarg, s Gemüse
gas, m Gas
gaß, w Straße
gaßtfraindlechkejt, w Gastfreundschaft
gebekß, s Gebäck
gebn zu wißn benachrichtigen
gebn geben
geboirntog, m Geburtstag
gedenken sich erinnern, s. merken
gefeln gefallen
gefil, s Gefühl
gefinen finden
gegnt, m Gegend
gej(t) mit Got tschüss
gejn gehen
geleger, s Bett, Couch
gelt Geld
geltanwaisung, w Scheck
genejwe, w Diebstahl
genug genug
geren sain zu (mit Inf.) gern
geschait klug
gesche'enisch, m Ereignis
geschwißter Geschwister
geselschaft, w Gesellschaft
gesunt gesund
gesunt, s Gesundheit
gewikß, s Pflanze
gewirz, s Gewürz
gewiter, s Gewitter
gezelt, s Zelt
gezolt, s Lohn, Gehalt
gich schnell
giftik schlang, m/w Giftschlange
giltik gültig
glaich geradeaus
glesl, s (Trink-)Glas
gloibn glauben
glos, s Glas (Material)
gold, s Gold
gopl, m Gabel
gortn, m Garten
Got Gott
gram, m Gramm
gramatik, w Grammatik
grejt fertig
grejtn(zu) vorbereiten
grenez, m Grenze
gring leicht (nicht schwer)
grinß, s Gemüse
groiß pekl, s Paket
groiß groß
gros, s Gras
grupe, w Gruppe
gufe selbst
gut gut

H

hafßoke, w Pause
haint heute
haltn halten
hanoje hobn sich vergnügen
harbßt, m Herbst
hargenen töten
hart hart
harzik herzlich
hawn, m Hafen
hazloche, w Erfolg
heflech höflich
heimisch gemütlich
hejbn heben
hejß heiß
helfn helfen
helft, w Hälfte
hern hören
higiene, w Hygiene
hilf, w Hilfe
hinter hinter
hintn hinten
hißtori'e, w Geschichte
hiz, w Fieber
hobn haben
hofn hoffen
hoich hoch; laut
hois, s Haus
holz, s Holz
hungerik hungrig

I

iber über
iberbaißn frühstücken
iberbaißn, s Frühstück
iberchasern wiederholen

iberfir-schifl, s Fähre
iberik übrig
ibermorgn übermorgen
ibersezer Übersetzer
ibn üben
ich ich
in in, nach (Richtung)
in ejnem zusammen
in ergets nit nirgendwo/-hin
in gichn bald
inderfri, m Morgen
indsl, m Insel
indußtri'e, w Industrie
influenzi'e, w Grippe
informazi'e, w Auskunft, Information
informirn sich s. informieren
inßekt, m Insekt
intereßant interessant
internazional international
ir Sie
ir/e ihr/e (Ez.)
ische, w Frau

J

jam, m Meer
jeder ejner jeder
jedije, w Nachricht
jerlech jährlich
jingl, m/s Junge
jischew, m Dorf
jo ja
jogn laufen, rennen
jogn sich sich beeilen
joich, w Suppe
jor, s Jahr
jung jung
jurnalißt Journalist

K

kalt kalt
kameß, s Menge, Quantität
kap, m wenig
karte, w Landkarte
kaße, w Kasse
kedej zu ... um zu ...
kegn gegen
kejle, w Gefäß
kejn nach (Richtung)
kejn mol nit niemals
kejn sach nit nichts
kejner nit niemand
kenen kennen, können, wissen
keschene, w Tasche (Kleidungs-)
keschenik, m Taschendieb
kfar, m Dorf
kil kühl
kind, s Kind
kino, m Kino
kirch, w Kirche
klaibn sammeln
klejder Kleidung
klejn pekl, s Päckchen
klejn klein
kloset, m Toilette
kochn kochen
koifn kaufen
kol, s Stimme
koldre, w Decke (Bett)
komplizirt kompliziert
komunikazie-mitl, s Fahrzeug
konßulat, m Konsulat
kontrolirn kontrollieren
konwert, m Briefumschlag
konzert, m Konzert
kort, w Karte
kostn kosten (Preis)
kraftik stark
krank krank
krenk, w Krankheit
krom, w Geschäft (Laden)
kumen kommen
kumen zu gaßt besuchen
kunßt, w Kunst
kurz kurz
kuschn küssen
kwejt, m Blume

L

lachn (wegn epeß) lachen (über)
lage, w Lage (geogr.)
laign lügen
lailech, m Laken
lait Leute
lajen sich (fun) sich leihen (von)
lajen (+ Dat.) verleihen (an)
land, s Land
landschaft, w Landschaft
lang lang (zeitl. + örtl.)
lebn leben
lebn, s Leben
leben neben
lefl, m Löffel
lejdik leer
lejenen lesen
lejgn legen
lerenen unterrichten (lehren)
lerer/-(i)n, -ke Lehrer/in
lernen sich lernen

lib schön
lib hobn lieben
licht, w Licht
lichtik hell
lid, s Lied
lign liegen; lügen
linkß links
loch Loch
loifn laufen, rennen
lomp, m Lampe
loschn, s Sprache
lotke, w Boot

M

machmeß weil
machn machen
main/e mein/e
mairew, m Westen
maiße, w Geschichte (Erzählung)
malbuschim Kleidung
mame Mutter
man Mann, Ehemann
manzbil, m Mann
mape, w Landkarte
mark, m Markt
maschin, w Motor
masl, s Glück
materije Eiter
matone, w Geschenk
me man
mechule verdorben; kaputt
medine, w Land
megen dürfen
meglech möglich
mejdl, s Mädchen
mekech, m Preis
men man
menju, m Speisekarte
mentsch, m Mensch
mer mehr
merer mehr
merkwirdigkeit, w Sehenswürdigkeit
meßer, m Messer
meßukn gefährlich
mesumonim Bargeld
mid müde
milchome, w Krieg
minheg, m Brauch
minut, w Minute
mir wir
mischpoche, w Familie
misrech, m Osten
mißcher, m Handel
mißt, s Müll
mit mit
mitogzait, w Mittag
mode, w Mode
moire hobn (fun) sich fürchten (vor)
moire, f Angst
mokem, m Ort
moln malen
morgn morgen
moschl, m Beispiel
motor(zikl), m Motor(rad)
motor-schifl, s Motorboot
mume Tante
musej, m Museum
musik, w Musik
musn müssen

N

nacht, w Nacht
nai neu
nai(e)ß, s Nachricht
naket nackt
narisch dumm
naß nass
naßlech feucht
natur, w Natur
nechtn gestern
nejn nein
nemen nehmen
nejtik notwendig
neßi'e, w Reise
niderik niedrig
ni(sch)t nicht
noch nach (Zeit); mehr, noch
noch dortn dorthin
nochamol noch einmal, wieder
nochmitog, m Nachmittag
nodl, w Nadel
noent nah
noenzt neben
nomen, m (Vor-)Name
nor nur, aber
normal normal
nudne langweilig
nujnik, m Toilette
numer, m Größe (Kleidung)

O

o da
ober aber
oder oder
oft mol oft
oib wenn (falls)
oibn oben
oich auch
oif auf
oif der räge sofort

oifchapn sich aufwachen
oifhern aufhören
oifmachen öffnen
oifnemen empfangen
oifstejn aufstehen
oifwekn wecken
oinesch, m Strafe
oips, s Obst
oirech, m Gast
oisgezeichnt ausgezeichnet
oiß aus (Ursache)
oißbaitn umtauschen
oißland, s Ausland
oißlender Ausländer
oißtaitscher Dolmetscher, Übersetzer
oißterlichkeit Sehenswürdigkeit
oißtun ausziehen
oito, m; Auto
oitobus, m Bus
oitowarstat, w Autowerkstatt
on ohne
onbaißn, s Mittagessen
ondenk, m Andenken
ongestelte(r) Angestellte(r)
onhaltn dauern
onhejbn anfangen
onkl Onkel
onklingen anrufen, telefonieren
onkumen ankommen; Ankunft
onton, s Kleidung
onwaisung, w Überweisung
onwern verlieren (Dinge)
opfal, m Müll
opforn abfahren
opnarn betrügen
opru'en sich sich erholen
opschmuäßn (sich) (sich) verabreden
opsporn sparen
opzol, m Gebühr
orem arm
organ, m Organ
organisirn organisieren
ort, m Stelle, Ort, Platz
os(j)ere, w See, m
oß, m Buchstabe
ot da, jetzt, bald
ot der/di/doß dies
ow(e)nt, m Abend
ow(e)ntbroit, s Abendessen
owto-ongißn-ßtanzje, w Tankstelle

P

palaz, m Palast, Schloss
pamelech langsam
papir, s Papier
papiroß, m Zigarette
parkirn parken
parschoin, m Person
paßkenen entscheiden
paßn sitzen, passen (Kleidg.)
paßport, m Pass
pejde, w Lohn, Gehalt
pejre, w Frucht
personschain, m Ausweis
pinktlech pünktlich
plaje, w Strand
plan, m Plan
plaßter,s Heftpflaster
plate, w Schallplatte
platforme, w Bahnsteig
plazkarte, w Platzkarte
pluzling plötzlich
poier Bauer
politik, w Politik
polizai, w Polizei
por, w Paar
por-folk, s Ehepaar
poßtamt, m Post(amt)
poßtkartl, s Postkarte
poßtmarke, w Briefmarke
prawen feiern
primitiw primitiv
priwat privat
problem, w Problem
profeßje, w Beruf
program, w Programm
proßpekt, m Prospekt
pruwn versuchen
ptire, w Tod
punkt genau
puschet einfach

R

radio, m Radiogerät
raich reich
raisebiuro, m Reisebüro
recht richtig; Recht
rechts rechts
redn reden, sprechen
redn nit zu der sach sich versprechen
regn, m Regen
(gume)rejf, m Reifen
rejn sauber
rejnikn sauber machen
rekomendirn empfehlen
reserwirn reservieren
reßtoran, m Gaststätte,

Restaurant
richtung, w Richtung
roi roh
roichern rauchen
rufn rufen, schreien
ruksak, m Rucksack

S

sach, w Ding, Sache
said, w Seide
saidnß, s Seide
sain sein
sain/e sein/e
sait, w Seite (Richtung)
salb, w Salbe
salz, w Salz
samd, s Sand
samlen sammeln
sat satt
saz, m Satz (Grammatik)
schafer, m Chauffeur
schaile, w Frage
schalwe, w Ruhe
scharf scharf
schef Chef
schejn schön
schenk, w Kneipe
scherl, s Schere
schif, w Schiff
(zu)schikn schicken, senden
schiler Schüler(in)
schilschl, m Durchfall
schirem, m Regenschirm
schißn schießen
schiter dünn
schlecht schlecht
schlißl, m Schlüssel
schlofn schlafen
schlofsak, m Schlafsack
schlofzimer, m Schlafzimmer
schlogn schlagen
schmejchlen lächeln
schmol eng
schmu'eß, m Gespräch, Unterhaltung
scho, w Stunde
schodn, m Verletzung
schoin schon
scholem, m Frieden
schraibn schreiben
schraien rufen, schreien
schuch, m Schuh
schul, w Schule
schuldik schuldig
schwebele, s Streichhölzer
schweiz, w Schweiz
schweizer Schweizer(in)
schwer schwer, schwierig
schweßter Schwester
schwimen schwimmen
schwimhejslech, s Badehose
schwizen schwitzen
seif, w Seife
seiger, m Uhr(zeit)
seigerl, s Uhr
sej sie (Mz.)
sejde Großvater
sejer/e ihr/e (Mz.)
sekene, f Alte
sekl, s Tasche
seltn selten
sen sehen
sezn sich sich setzen
si sie (Ez.)
sicher sicher
silber, s Silber
singen singen
sint seit
siß süß
sizen sitzen
sogn sagen
soier sauer
soln sollen
soken, m alter Mann
spais, w Speise, Lebensmittel
spakuln (Mz.) Brille
spaßik lustig
(gejn)spazirn spazierengehen
spet spät
spiln spielen
spilwarg, s Spielzeug
spitol, m Krankenhaus
spriz, m Spritze
ßam, m Gift
ßchoire, w Ware
ßchum, m Menge, Quantität
ßebibe, w Umwelt
ßekunde, w Sekunde
ßimche, w Fest
ßof, m Ende
ßport, m Sport
ßrejfe, w Brand
ßtanzje, w Haltestelle, Bahnhof
ßtrachirung Versicherung
ßtudent Student
starbn sterben
steg, m Gasse
stejn stehen; Stein
steln stellen
stendik immer
stern stören
stetl, s Stadt
stikl, s Stück
stil, m Stil (Architektur)
stilkejt, w Ruhe

Wörterliste Jiddisch – Deutsch

stof, m Stoff
stok, m Etage
stotgortn, m Park
strik, m Seil
strofn bestrafen
stub, w Haus
suchn suchen
sumer Sommer
sun Sohn
sun, w Sonne

T

tabik, m/tabike, w Tabak
tablet, m Tablette
taich, m Fluss
taitschisch deutsch
taitschische(r) Deutsche(r)
taitschland Deutschland
tajer teuer
tanzn tanzen
tate Vater
tate-mame Eltern
taxi, m Taxi
teater, m Theater
teglech täglich
telefon, m Telefon
telefonischer kod, m Vorwahlnummer
telegrame, w Telegramm
telewisi'e, w Fernsehgerät
tfiße, w Gefängnis
tif tief
tifle, w Kirche (a. verächtl.)
tir, w Tür
tochter Tochter
to'eß, m Fehler
tog, m Tag
togik täglich
toit tot; Tod
tol, m Tal
tomer wenn (falls)
tomid immer
ton tun
trachtn denken
tradizije, w Tradition
tramwai, m Straßenbahn
trefn treffen (begegnen)
trep, w Treppe
trinken trinken
trogedik schwanger
trogn tragen
trojerik traurig
trukn trocken
trunk, m Getränk
tschemodan, m Koffer
tschikawe neugierig
tschikawe sain (far) sich interessieren (für)
tschikawe zu sen sehenswürdig
tschikaweßn, s Sehenswürdigkeit
tu'en tun
tunkl dunkel
turem, m Turm
turme, w Gefängnis

U

umbakant unbekannt
ume, w Land
umetik traurig
umetum überall
umglik, s Unfall
umschuldik unschuldig
umsißt kostenlos
un und
undsere/r unser/e
unlwerßitet, w Universität
unter unter

V / W

veloßiped, m Fahrrad
waib, w Frau, Ehefrau
waiblech weiblich
waisn zeigen
wait fern, weit
wakanzije, w Urlaub, Ferien
wakzinirn impfen
wald, m Wald
walise, w Koffer
walute, w Mz Valuta, Devisen
want, w Wand
warem warm
wartn warten
waschn waschen
waschzimer, m Badezimmer
waßer, s Wasser
wate, w Watte
weg (zurik), m (Rück-)Weg
wej(tik), m Schmerz
wejnen weinen
wejton schmerzen
welcher welcher
weln wollen
wemens wessen
wenn als (zeitl.), wann, wenn
wer wer
wern werden
werterbuch, s Wörterbuch
weter, m Wetter
wetschere, w Abendessen
wi (asoi) wie
wichtik wichtig
wifil wie viel
wint, m Wind
winter, m Winter

wintschewen gratulieren
wintschn wünschen
wisit, m Aufenthalt, Besuch
wisitirn besichtigen
wißn kennen, wissen
woch, w Woche
wog, w Gewicht
woglen wandern
wogn, m Wagen
woil gut
woinen wohnen
woksal, m Bahnhof
wolwl billig
wort, s Wort
woß was
wu(hin) wo(hin)
wund, w Wunde

Z

zait fun jor, w Jahreszeit
zait, w Zeit
zaitik reif
zaitplan, m Fahrplan
zejnpaßte, w Zahnpasta
zeklapn schlagen (milit.)
zeklapt zerbrochen; kaputt; gebrochen (auch Sprache)
zemasikt verletzt
zenter, m Zentrum
zi ob
zi'en abschleppen
zimer, m Zimmer
zirung, w Schmuck
zizke, w (weibl.) Brust
zofn, m Norden
zol, w Nummer
zol, m Zoll
zondokter Zahnarzt
zu zu (+ Adjektiv)
zu fil zu viel
zu fuß zu Fuß
zufridn zufrieden
zugeher, s Eigentum
zugewejnen sich (zu) sich gewöhnen (an)
zulib wegen
zunomen, m Familienname
zurik (oif) zurück
zwischn zwischen

Der Autor

Der Autor am Holocaust-Mahnmal in Berlin

Arnold Groh: Nachdem ich über 70 Länder bereist habe, bin ich in Berlin hängengeblieben, wo ich seit 1990 Jiddisch unterrichte. Jiddisch hatte ich während meines Studiums an der Universität Bielefeld gelernt. Auf meinen Reisen traf ich zu meiner Überraschung verschiedentlich auf Jiddisch sprechende Menschen – in Israel ebenso wie in Osteuropa. In Warschau etwa: Neben dem Gelände des ehemaligen Ghettos liegt ein kleiner Synagogenbezirk, auf dem auch Jiddisch-Sprecher wohnen. Da ich kein Polnisch kann (noch! Den Kauderwelsch-Sprachführer habe ich immerhin schon), war Jiddisch angesagt.

Oder Litauen: Mein Russisch reicht einerseits nicht aus, andererseits wird man dort heutzutage leicht vor die Tür gesetzt, wenn man irgendetwas auf russisch sagt. Meine Gesprächspartner konnten ihrerseits kein Hochdeutsch, Englisch etc. – Jiddisch war das Verständigungsmittel der Wahl. Und nun in Berlin habe ich Zuwanderer kennen gelernt, mit denen ich mich ebenfalls auf Jiddisch unterhalte. Dies ist speziell der Erstellung dieses Büchleins zugute gekommen, wofür ich besonders dankbar bin. Hervorheben möchte ich an dieser Stelle Herrn Koifman und Herrn Kovalis; ihre ejzeß waren besonders wertvoll.
A gute neßi'e!

Ich hoffe, Sie können diesen Sprachführer gut gebrauchen. Über Kommentare, Anregungen und konstruktive Kritik würde ich mich freuen.